优秀教

TEACHERS

优秀教师课堂氛围营造的艺术

YOUXIU JIAOSHI FANGLUE CONGSHU

◎优秀教师是一种境界，身处此种境界中的教师，已不再为上课而上课，而是一切以孩子的发展为目的。优秀教师不仅能出色地驾驭教材和课堂，还能在组织教学时营造出一种充满亲和力的诚信、探究的氛围，从而使学生获得最大限度的锻炼和提高。本丛书不仅全面介绍了优秀教师的成长方略，更强调一种境界与氛围，激励着教师们对"优秀"的不懈追求。

陈　明　本书编写组◎编著

世界图书出版公司
WPC
广州·上海·西安·北京

图书在版编目（CIP）数据

优秀教师课堂氛围营造的艺术／《优秀教师课堂氛
围营造的艺术》编写组编．—广州：世界图书出版广东有限公司，2011.3（2021.11重
ISBN 978－7－5100－3340－7

Ⅰ．①优… Ⅱ．①优… Ⅲ．①课堂教学－教学研究－
中学 Ⅳ．①G632．421

中国版本图书馆 CIP 数据核字（2011）第 036135 号

书　　名	优秀教师课堂氛围营造的艺术
	YOU XIU JIAO SHI KE TANG FEN WEI YING ZAO DE YI SHU
编　　者	《优秀教师课堂氛围营造的艺术》编写组
责任编辑	王　红
装帧设计	三棵树设计工作组
责任技编	刘上锦　余坤泽
出版发行	世界图书出版有限公司　世界图书出版广东有限公司
地　　址	广州市海珠区新港西路大江冲 25 号
邮　　编	510300
电　　话	020-84451969　84453623
网　　址	http://www.gdst.com.cn
邮　　箱	wpc_gdst@163.com
经　　销	新华书店
印　　刷	三河市人民印务有限公司
开　　本	787mm×1092mm　1/16
印　　张	12.5
字　　数	160 千字
版　　次	2011 年 3 月第 1 版　2021 年 11 月第 2 次印刷
国际书号	ISBN　978-7-5100-3340-7
定　　价	38.80 元

"优秀教师方略"丛书编委会

主 编

王利群　解放军装甲兵工程学院心理学教授
周作宇　北京师范大学教授、教育学部部长

编 委

马世晔　中华人民共和国教育部考试中心
李功毅　《中国教育报》副总编
王增昌　《中国教育报》高级编辑
殷小川　首都体育学院心理教研室教授
张彦杰　北京市教育考试院
魏　红　北京师范大学教务处
刘永明　北京师范大学继续教育与教师培训学院 副研究员
刘艳茹　北京市顺义区教育研究考试中心，中学高级教师
刘维良　北京教育学院教育学教授
杨树山　中国教师研修网执行总编
肖海雁　山西大同大学心理系主任，教授
张兴成　西南大学（原西南师范大学）副教授
南秀全　湖北黄冈特级教师
方　圆　北京光辉书苑教育研究中心研究员

序　言

　　优秀教师何以成为优秀教师，优秀教师的成长有无规律可循？这是一个值得思考和关注的问题。

　　"优秀教师"这个概念，它和我们平时常常提及的"骨干教师"、"名师"或是"特级教师"并不尽相同。后三个概念更多的是以某种标准加以衡量而赋予教师的某种荣誉，表征的是教师某个发展阶段的状态。"优秀教师"倾向于从动态变化的教师成长过程中来解读，它意味着一个漫长而艰辛的成长过程，一个离不开成长期的默默付出，历经高原期的苦闷徘徊，从而达致成熟期的随心所欲的成长过程。

　　我们应该把优秀教师看作是一个发展性的概念。作为一个教师，要在事业上获得成功，首先要有强烈的事业心和责任感，要有崇高的奉献精神，要有坚定不移的意志品质，要有持续发展的信念，要有永不满足、不断学习、不断进取的精神。从发展的角度看，所有的教师都可以成为优秀教师。

　　当然，成为一个优秀教师不仅要有自己的主观条件，还要有客观条件的保证，从立志做优秀教师到成为优秀教师不是必然规律。优秀教师能及时抓住时代发展的机遇，并使机遇成为成长的契机。机遇对成功很重要，但教师的成功不是靠被动地等待，而是认真踏实地工作，通过"量"的积累，在及时把握机遇中达到"质"的飞跃，获得成功。

　　为使主客观条件达到最佳的组合，从而获得成功，今天的优秀教师，应该改变传统的"春蚕到死丝方尽，蜡炬成灰泪始干"的被动的、悲凉的形象，树立一种新的优秀教师成长观，即关注自身精神生命的成长，使得优秀教师的成长不再仅仅是为了一纸文凭或是生存技能的提高，而是为了自我的充实与完善，为了个体的幸福与愉悦，为了更有意义的生活。为这样的目的而努力的人，即称优秀。惟有如此，优秀教师才有可能真正地唤醒自己，同时也唤醒他所接触的人，才有可能创造自己更为美好、更有意义的生活，同时也创造他人更为幸福的生活。

我们应该相信，优秀教师的成长主要不是依靠天赋，而是后天的因素；后天因素对教师成长的影响程度依次为个人的努力、教学互动、专家引领、师傅指导、同伴互助和领导支持。

在成长过程中，尽管每个优秀教师的成长经历都不相同，具有浓厚的个性色彩。但是透过表层的个性因素，仍然可以从中概括出某些共同的要素，说明优秀教师的成长还是有规律可循的，能够提出优秀教师培养的方式方法的。

根据对优秀教师成长规律的总结，我们编写了这套"优秀教师方略"丛书，其特点是强调教师学习与培训的针对性、适用性和可接受性，期望能在教师艰辛的成长过程中助一臂之力，让他们少走一些弯路，减少个人摸索的无效劳动；让更多的教师通过不断的学习、反思、超越，成为"优秀教师"。

目　录

序　言　/1

第一章　课堂上的教师修养　/3

1. 较高的专业素养——营造良好课堂氛围的根本所在　/4

2. 先进的教学思想——营造良好课堂氛围的重要素质　/7

3. 人格魅力——营造良好课堂氛围的助推器　/11

4. 宽严有度——营造良好课堂氛围的重要保障　/14

第二章　巧妙的课堂导入　/17

1. 诗词导入法　/20

2. 音乐导入法　/22

3. 故事导入法　/25

4. 图片导入法　/27

第三章　炼就精彩课堂　/29

1. 开展竞赛，提高学生竞争意识，激发学生兴趣　/32

2. 组织活动，引导学生积极参与　/38

3. 课堂辩论，促使学生不断探究　/42

4. 巧妙提问，引发学生思考　/46

第四章　课堂教学技巧运用　/50

1. 用激情点燃学习的欲望　/51

2. 得体的语言是最好的工具　/54

3. 善于运用肢体语言 /57

4. 幽默为课堂增添色彩 /61

5. 正确处理突发事件 /65

6. 要有一颗平常心 /74

7. 尽量多给学生发言的机会 /77

8. 让学生在课堂上有"问题" /80

9. 委婉含蓄,利人利己 /85

10. 用"启发式"代替"灌输式" /88

11. 妥善"经营"学生的嫉妒心理 /91

第五章 营造和谐课堂 /94

1. 关爱学生是师德之魂 /95

2. 给学生留有足够的自尊 /105

3. 关注学生,因材施教 /110

4. 学会赏识培养自信 /115

5. 宽容,人性美丽的花朵 /124

6. 给学生足够的时间与空间 /132

7. 虚心接受学生的建议 /140

第六章 利用教学资源丰富课堂 /143

1. 使用多媒体课件,教学新手段 /145

2. 巧妙布置作业,课后也精彩 /150

3. 适当引用材料,拓展学生的视野 /156

4. 教学辅以游戏,活跃你的课堂氛围 /160

5. 教学风格,独特才绚丽 /167

附录 名师营造课堂氛围的经典细节 /173

引　言

随着世界教育改革的核心——教师教育课题的深化，必然加快教师专业化的进程，提高教师职业的专业性，使得教师工作更富挑战性。因此，教师专业发展的突破，除了依赖教师专业发展的一般要求来完成，还要挖掘教师的自我专业发展意识，依赖于教师专业发展的价值特性，即在教师专业发展的一般要求的基础上，激发教师的内在生命价值和生命的活力，使其把教育活动当作一种事业，一种境界加以追求，以实现卓越。

教师的专业发展，要求教师应不断地研究、设计、实施和评价自身的课堂教学问题。因此，教师们对于可操作性的课堂教学培训资源有着迫切的需要。

美国心理学家罗杰斯曾说："成功的教学依赖于一种真诚的尊重和信任的师生关系，依赖于一种和谐安全的课堂氛围。"我们知道，一个仅仅具备文化知识和理论素养的教师，不一定是个好教师。一个优秀的教师还要有较高的教学技能，能够驾驭知识，采取灵活多样的方法引导学生学习，提高学生各方面的综合能力。然而，教学技能并非一蹴而就，它需要教师在日常的教学工作中不断地锤炼和提升。可以肯定地说，一个没有熟练掌握各种教学技能的教师是难以有效组织学生主动学习的。教师只有运用各种教学技能，不断创新，才能使课堂教学多彩多姿，生动有趣，才能达到教学的目的。

基于以上原因，我们编写了这本书，详尽地阐述了优秀教师营造良好课堂氛围的方法、技巧，全文共六章，阐述了教师修养、教学技巧、师生关系和教学资源等方面的内容，力求融理论性、实践性、操作性、指导性于一体，以帮助广大中小学教师更好地把握所传授的知识、培养学生、提

升自己。

　　教师的专业发展的路径是多元的。培养、培训，是教师专业发展的外在力量。而教师自身的修炼才是一种最具活力的内在源泉。教育界曾有这样一句话："没有教不好的学生，只有不会教的老师"。看来，只要我们的教师基础知识扎实，教学方法得当，就能创造一流的教育教学成绩，使每个学生成人成才。因此，我们真诚地希望这本书能给广大的人民教师带来有益的经验，从而提升自身的课堂教学能力，赢得学生的认可与喜爱，成为一名受学生欢迎的优秀教师。

第一章　课堂上的教师修养

教师必须具备良好的修养。教师的修养内容，核心是"德、才、仪"，即所谓"人身三德"——品德、才华、仪表。

教师的品德修养，主要是指"师爱"，比如和蔼可亲、耐心细致、宽容博爱、无私奉献等等。教师的才华修养，主要是指良好的洞察、理解、沟通的能力，良好的说服、鼓舞、激励的能力以及良好的班级组织管理能力等。而教师的"仪表"修养，主要是指其榜样示范作用。优秀的教师要"以德益德，以才育才，以情激情，以行导行"。凡是要求学生做到的，教师必须以身作则，力求使"自身就是一部活教材"。

在实际工作中，无数的教师，以他们的高尚品德、朴实作风、辛勤的劳动和卓越的才华，创造了数不清的成功的故事。有通过教师的博爱无私、宽宏大量，体现教师优秀品德的；有通过教师的有效说服和卓越鼓舞，体现教师"才华"的；也有通过教师的高尚行为，体现教师"威仪"的。而本章要说的，是教师在课堂上表现出的修养。

1. 较高的专业素养——营造良好课堂氛围的根本所在

　　系统、扎实的专业知识是教师上好一堂课的最关键要素，也是进行其它的教育活动的基础。所谓" 师者，传道授业解惑者也"，没有较高的专业素养怎能"传道"，怎能"授业"，又怎能"解惑"？清初思想家王夫之曾提出："欲明人者先自明，博学详说之功，其可不自勉乎?"意思是说教育别人的人要先受教育，教师要有渊博的知识，高深的造诣，要能成为学生的表率，才能让学生心悦诚服地在教师的带领下好好学习，并感受教师无限的知识魅力，从而产生极大兴趣，成为自己前进的动力。从课前的备课到课后的评语，诸多环节，无不渗透着教师的专业知识，体现教师的专业水准，显示教师专业素养的重要性。

　　功夫在课外。备课是体现教师专业素养的重要一环，著名特级教师徐斌说："没有备课时的全面考虑和周密设计，哪有课堂上的有效引导与动态生成；没有上课前的胸有成竹，哪有课堂上的游刃有余。"可见备课对顺利完成一堂课以及营造良好的课堂氛围具有举足轻重的重要性。

经典案例

　　一个优秀的教师应该如何备课，如何在上课前做到胸有成竹，著名特级教师徐斌《解决问题的策略》一课的教学片断为我们提供了很好的借鉴。

《解决问题的策略》一课的教学重点是如何教会学生解决问题的策略，虽然问题的数量关系不是很复杂，但问题情景中呈现的信息比较多，学生难以理解，需要学生先进行整理，然后选择相关的条件进行解答。徐老师是怎么教学生解决问题的策略的？又是怎样进行数学思想方法渗透的？请看下面的一个教学片段：

师：刚才在解决问题时，在寻找有关条件时要注意什么呀？

生：要注意其中的隐藏条件。

师（点点头）：对，有时候条件还隐藏得比较深。

（出示书上的题目：一个足球56元，一个篮球48元。我带的钱正好可以买6个足球或8个排球。一个排球多少元？都买篮球能买几个？学生同桌商量，并进行计算）

师：56元是一个足球的价格，6个是足球的个数，$56 \times 6 = 336$ 算出来的也应该是足球的钱，怎么又变成是老师带的钱呢？

（学生也急了，争着叙说理由）

师：哦，336元可以表示6个足球的钱，又表示8个排球的钱，也就是老师带的钱。我们把这样的信息从足球的钱变成老师带的钱再变成买篮球的钱，经过了——

生：转化。

师（继续）：你还有补充吗？

生：336除以48没有学过，但是可以先除以6得56，再除以8得7。

师：好！你回答得真好！老师把掌声送给你！那么，同学们，今天我们学习了解决问题的策略，主要应用了怎样的策略？

生（齐声）：列表。

师：那么，你们觉得用列表的策略解决问题的时候要注意些什么呢？

生1：要注意隐藏信息。

生2：要选择相关信息。

生3：要注意互相对应。

生4：还要注意转化信息。

（学生叽叽喳喳，讨论很热烈…）

案例分析

通过这个教学片断，我们不难观察到徐老师处理这篇教材的艺术。他对教学资源进行了有效的整合，来突破教学重点、难点，并创设和谐融洽的学习氛围，激活了学生的思维。此外，通过列表讨论，帮助学生弄清买6个足球的钱与老师所带的钱、买篮球的钱之间的复杂联系。

其实，我们知道"解决问题"的教学目的不仅仅是解决问题本身，也是让学生通过列表、摘录条件及问题的方法来探索与掌握解决问题的一般策略与方法，并且获得情感上的积极体验。掌握数学思想方法才是数学教学的灵魂。在这个课例中，徐老师认真指导学生用列表、画箭头等分析信息，课尾还拓展了学生摘录声音信息的策略，巧妙地将数学的思想、方法、解决问题的策略隐藏其中，而对于"转化"、"对应"这些数学思想方法则是通过"润物细无声"的引导而渗透的，教师凭借高超的授课艺术把学生的思维引向了一定的高度与深度，让学生轻松学到具体知识的同时拓宽了自己的思维。

优秀教师课堂氛围营造的艺术

2. 先进的教学思想——营造良好课堂氛围的重要素质

教学理念对教师的教学行为具有指导性，先进的教学理念对创设优良课堂教学氛围起至关重要的作用。

教师通过转变教学理念，不断优化自己在课堂教学过程中的角色行为，尊重学生的主体地位，由教学的主宰者变成学习的组织者、参与者、指导者和探究者。在课堂教学中和学生一起去感受、认识、探索、分析、概括，建立民主、平等、和谐的师生关系，才能形成学生主动探究的优良课堂氛围。先进的教学理念，其中较为典型的就是指教师要勇于打破陈规，敢于接受新的思想，带动学生从不同的角度思考问题，大力提倡学生创新，把学生培养成有创造力的人。

美国心理学家马斯洛认为，创造力是人性的一种基本财富，大家在一出生就都具有了，但在社会化的过程中大部分人却不同程度地丧失了这一基本能力。因此，创造力的火花潜伏在我们每个人身上，只要加以培养和挖掘，每个人的创造力都可以得到显露和提高。

对于教育工作者，教育家陶行知在他的《创造宣言》中曾经指出："教师的成功，是创造出值得自己崇拜的人。"也可以说，教育的终极目的是培养具有创造力的人。

经典案例

姜老师在课堂教学中，总是抓住一切机会给学生提供环境，训练学生的创造性思维。在一次课堂上，为了启发学生懂得利用生活中的原型，进行创造发明活动，培养学生的创造力，姜老师首先向学生们提了一个问题："同学们，你们知道'叶子'和'锯'之间有什么联系吗？"学生们都摇摇头。姜老师便接着给他们讲起了鲁班发明锯的故事：

鲁班是我国春秋战国时期鲁国的一个木匠。有一天，他到山上去伐木，用来盖房子。那时候还没有锯，伐木只能用斧头砍，不但很费力气，而且非常浪费时间。鲁班砍啊砍，砍累了，就想找个地方休息一下。他看见不远处的草丛中有块石头，就过去搬，好坐在上面。当他的手往草丛里伸的时候，突然感觉被什么东西割了一下，一看，原来是一片叶子把他的手划了一道口子。他觉得很奇怪，一片软软的叶子怎么能割破结结实实的皮肤呢？他摘下那片叶子仔细地看了看，原来，叶子边上有密密麻麻的小齿。于是他又想：这些带齿的叶片可以割破我的手，如果在铁片的边上也弄一些齿是不是就能割断木头呢？想到这里，他飞快地跑回了家，经过反复的实验，终于发明了"锯"。

故事讲完了，学生们禁不住地发出赞叹声："鲁班真厉害！""要是我也能发明出什么东西就好了！""我应该向鲁班学习，多动动脑子，说不定就能有自己的发明了。"

许老师见学生们个个兴致勃勃，便提了几个问题让他们讨论：

（1）鲁班是怎么发明锯的？

（2）以往你碰到过类似鲁班遇到的事情吗？如果碰到过，你当时有什么想法？以后你打算怎么办？

（3）知道下面的事物是人们受到什么启发而发明的吗？

①飞机　②闹钟　③蒸汽机　④照相机　⑤轮船　⑥可视电话　⑦乒乓球

学生们都表现得很积极，对以上几个问题都一一作了回答，也表明了自己的想法，这正是姜老师预料中的。

为了进一步挖掘学生的创造力，许老师开始让学生动手做了。他给学生们出的题是：请你用两个圆、两个正方形、两个三角形、三条直线（大小长短可以不同）组成有意义的图形，要求至少做10个。

在让小学生掌握组合法，培养其创造力的时候，姜老师是这样导入的："同学们，我们都用过或见过那种后端带橡皮的铅笔，可你们知道它的来历吗？"学生们都迫不及待地想知道，姜老师便讲开了：

画家海曼是一个粗心大意的人，在绘画时，经常把橡皮随处放，由于他放橡皮没有一个固定的地方，所以想用时却不知道在哪里，甚至无法找到。无奈，他只好将橡皮拴在铅笔后端，这样一来，只要手中握着铅笔便能够找到橡皮，随时都有橡皮可以使用。有一天，海曼的朋友去拜访他。这个朋友看到拴有橡皮的铅笔，于是他就把橡皮和铅笔固定在一起，设计了带橡皮的铅笔，并申请了专利。

讲完这个故事，许老师就让学生们进行课堂讨论。

（1）海曼把橡皮和铅笔拴在一起，但没有发明出橡皮铅笔，而他的朋友却做到了，这是为什么呢？

（2）海曼的朋友是通过什么方法发明了带橡皮的铅笔？

（3）你从橡皮铅笔的发明中受到什么启发？

（4）你还能举出多少种通过组合而发明的物品？

接着又出了几道题让学生进行课堂操作。

（1）这里有两个圆、两个三角形和两条直线，它们的大小和长短不同，请你用它们组成一些有意义的图形，看看你最多能组成多少个图形？

（2）请用6个正三角形拼出10种面积相等、形状不同的图形。

（3）请大家想一想，音乐可以跟哪些东西组合而变成另一种产品？

（4）请同学们利用下面事物中的两个事物，进行强制联想，构想出一些事物。

①钢笔　②计时器　③铲子　④沙子　⑤电池　⑥橡皮筋　⑦斧头

案例分析

姜老师通过讲解、提问、讨论等不断引导学生思考，培养学生的创造力。例如，在讲原型启发法时，他首先通过鲁班造锯这一故事，激发学生的创造欲望；接着让学生进行讨论，启发学生懂得利用生活中的原型，进行创造发明活动；最后让学生动手操作，培养和训练他们的创造性思维。不仅让学生学到了书本上没有的知识，还让学生的创造力得到了很好的锻炼。

创造性思维是一种不依常规、寻求变异、多方探索问题答案的思维形式，是创造力的核心。我们的衣食住行，可以说都是创造、发明出来的。已创造出的东西很多，但需要创造的东西更多。我们在吃一种食物、用一样东西的时候，想的更多的是怎么吃、怎么用，而很少、甚至根本不会去想它是怎么来的？是谁创造出来的？久而久之，我们的创造力就慢慢地被磨灭了。因此，我们在教育学生时，不应该死教书、教死书，而应在教学生知识的同时，注重培养学生的创造性思维，挖掘他们的创造力。

3．人格魅力——营造良好课堂氛围的助推器

　　老师是教学活动的主导者，其良好的个人修养对营造良好课堂氛围有很好的推进作用，，对学生主体性的发挥有直接的影响。因此，教师要努力提高自身的角色魅力，真正做到"学高为师，身正为范"。教师也应该清楚地认识到，虽然我们只教学生一段时间，但我们对他们产生的影响可能是一生的！因此，教师更应该拥有高尚的品德，渊博的知识，健康的心理，健美的体魄，充分发挥自己的角色魅力，教书育人！

　　教师应该抱着与学生交朋友的心态，去了解他们，帮助他们。想要跨越心灵"鸿沟"，先应模糊年龄的界线！所以，教师应该时刻保持一颗年轻的心，创建以"爱"、"信任"、"责任"为主旋律的新型师生关系。让他们知道，我们认真的时候很严肃，放松的时候很活泼。让学生能够主动的接近我们，这样，"亲其师、信其道"就不是难事了。教师应该方方面面的为学生做好表率，多为学生着想，真心实意与学生相处，让学生们心甘情愿的走入教师为他们设计的情境之中。

经典案例

"课桌文化"的疏与堵

　　对于"课桌文化"，老师们并不陌生，好好的课桌，伤痕累累：有刀伤，有笔痕；有美女，有帅哥；有外文，有中文；有情书，也有打油诗

……，真是无所不包，无所不容。我曾经三令五申强调要爱护公物，爱惜自己每天必须使用的课桌，并让学生以《课桌的眼泪》为题目写篇作文，希望唤起他们爱护公物的情感，但是，仍然无济于事，"课桌文化"依然盛行不衰。

我一直在思考，到底应该怎样解决这个令我头疼的问题。一天下班后，在楼下遇见几个清洁工人在疏通下水道，他们正用一根长长的竹片向下水道深处捅去……。看到这种情形，我突然想到，疏通要靠"导"而不能靠"堵"，对于"课桌文化"，我何不也来个因势利导呢？

第二天，我走进教室，发现我班的"大画家们"又在课桌上尽情施展自己的才能了。我没有说什么，而是每人发了一张白纸，让他们用透明胶粘在桌面上。学生们面面相觑，不知我要干什么。我微微一笑，缓缓道来："咱们班的'课桌文化'是全校水平最高、创新意识最强的，也是最有个性的，都怪老师发现晚了，埋没了人才，真是罪过呀。"

学生们一听，哄堂大笑，有几位"画家"有点不好意思了。

我继续微笑着说道："今天，就请大家在这张纸上尽情挥洒你们的笔墨，把你们想写的写下来，想画的画下来。如果一张纸不够，我再发。"这两句话说完之后，一向能写善画的学生们都愣住了。过了几分钟，我看他们还没有动静，于是就对他们说："噢，对了，创作是需要灵感的。这样吧，这项'光荣而伟大'的工作就等到课后再完成吧。"

过了几天，我惊喜地发现，课桌的白纸上出现了座右铭、山水画、名人名言、体育明星画像等。就这样，在桌面上乱写乱刻、乱涂乱画的问题圆满解决了，我感到无比的欣慰和自豪。

案例分析

面对泛滥的"课桌文化"，这位教师运用逆向思维的办法，终于解决了这个问题，而且收到了预期的效果。需要强调的是，这里所说的"逆向思维"，不是简单的"反其道而行之"，而是对正向思维的创造性发挥。老师所面对的是一个个鲜活的个体，对于学生成长中出现的问题，应从科学的角度出发，不拘泥于既成的思维定式，积极地探求解决问题的最有效的方法。教师的人格魅力就在这些方法中体现出来。

当然在正确的思维引导下，一般来说都能收到好的结果。

中学时期是学生非常重要的时期，在这个阶段，学生容易偏离正常心理状态，毛躁、叛逆，渴望自由，并且出现"不服管教"的情况。一般的教师遇到这种现象，往往会出现教育方法不得当的情况。他们对学生缺乏足够的尊重和关心，工作方法简单粗暴，致使问题严重化或加大学生"出事"的几率。而一名优秀的教师，则把自己看成学生的朋友而非"对手"，对于暴露出的问题不是忙着呵斥和禁止，而是仔细分析事件的原因、寻求解决方法，懂得遵循叛逆期学生的心理规律，用科学的方法去引导、沟通。显然，要做到这一点，就要求教师站在一个比学生高的位置，提升自己的学识素养和人格魅力，对学生"晓之以理，动之以情"，真正做到以理服人，以情动人，以自己的魅力感染人。

4．宽严有度——营造良好课堂氛围的重要保障

　　课堂管理是教师为了完成教学任务，调控人际关系，和谐教学环境，引导学生学习的一系列教学行为方式。管理好课堂是开展教学活动的基石，教师必须不断地提高课堂教学管理技能。

　　教师是课堂管理的核心，教师的专业水平、个人素质、工作能力、教学态度、组织管理经验都直接决定着课堂管理水平。学生既是课堂管理的对象，又是课堂管理的主体。学生的学习目的明确，态度端正，基础知识扎实，学习能力强，行为习惯规范，主体自律管理强，课堂管理自然就规范。反之，则会产生课堂管理混乱。

　　因此，课堂管理非常重要，它是实现教育目的、确保教学质量的重要手段，关系着学生学习的质量、效率的高低和学校教育教学成果的好坏。在我们的课堂管理中，有人"严"字当头，管理严格，要求学生在课堂上规规矩矩，专心致志，一点一滴必须按老师说的去做；有人"松"字放在首位，管理松散，允许学生上课随便做什么，只要不影响教师的正常教学秩序、不妨害他人的学习、不影响课堂纪律就可以。

　　课堂管理既不是越严格越好，也不是越松散越好。一名优秀教师在课堂管理上，要准确把握好自己的严格与宽松之度。要打破传统管理局面，使自己的课堂教学收到良好的效果，就需要改变管理方法引发质变；要使学生不因自己管理的宽严过度走向一个极端而发生质变，就需要自己把自己管理的宽严置于一定之度。宽严有度的课堂管理会使课堂气氛活跃，教师教得舒畅，学生学得快乐，整个课堂其乐融融，活跃和谐。

经典案例

四川成都武侯祠，有云南剑川人赵藩于1902年题的一副对联："能攻心则反侧自消，从古知兵非好战；不审势即宽严皆误，后来治蜀要深思。"对联既赞扬了诸葛亮执法严谨，审时度势，实事求是，宽严结合的施政方针，也针砭了作者所处时代时政。我认为，作为一名光荣的人民教师，在向学生施教时，也宜借鉴这副对联，把握好"宽"与"严"的度。

太宽，易流于空泛，导致放任自流；过严，则束缚学生的个性发展，走进死胡同。宽严有度，才能使工作大有起色，但是在实际工作中，要真正把握好这个"度"，却并非易事。我初出茅庐、刚登讲台时，信奉"严师出高徒"，因而时时处处对学生严格要求，几乎达到苛刻的程度。虽然我严以律己，作出行为表率。但终究收效甚微，纪律、行为规范，还容易收到良好效果，学习成绩，距离期望值就较远了，欲速则不达. 尝尽拔苗助长的苦头。经过深入反省，总结经验教训，我明白了，对某些学生，要他们完全掌握教材知识，确实是困难的，于是我把学生分类，区别对待。对学习好的学生，仍然从高从严要求；对学习较差的学生. 降低要求，这样一来，反而师生都轻松了。降低了要求的学生，他们也体验到取得成绩的快乐，享受到老师表扬的喜悦。因而学习更用功了，成绩自然有了提高。

即使课堂纪律，也宜宽严有度地把握。不严，难以组织教学，但是如果学生整堂课都处于高度紧张状态。收效一定不会好。曾经有一次在课堂上，一个男生举手，我问什么事，他答要去上厕所，本来我们有规定，上课时不准去大小便，但我考虑到，他刚才很遵守纪律，看他的表情，似实情，不像捣蛋，我批准了，下课后，他主动问了我刚才没听到的内容。以后的课，我特别留意这个学生，发现他非常专注，且笔记十分认真，课外他对我也礼貌周全。所以，对学生，在可能的情况下何妨宽点呢？对学生管教宽松一些，他们自己会对自己严格一些。记得一名著名教育家说过：

只有学生有犯错误的权利和机会。当学生出了错，我们作为老师的，仍然要给予教育，使他改正，我们在引导其改正错误时，应从严要求，从宽处理。这样，学生才会口服心服。

案例分析

如何有效把握课堂的宽与严，赵老师给了我们很好的启示。严于律己，对学生要求近于苛刻，很容易造成师生间的隔膜，学生体会不到教师的用心良苦，教师觉察不出学生的想法，很容易使学生形成意义障碍，造成物极必反的局面。但充分给予学生发展个性的空间，也会造成难以管理的局面。

老师的课堂从不让学生处于高度紧张的状态。通过这个实例，我们知道只有广泛尊重学生，听取学生意见，给学生的学习创造宽松和谐的环境，这样老师、学生的教和学才能一张一弛，达到事半功倍的效果。

课堂管理的目的也是为了学生的学习创造宽松和谐的气氛和环境，是为学生自我驾驭开发潜能服务的，课堂管理应该是双方共同参与，课堂管理具有强烈的民主性。如果我们教师在课堂管理方面做到宽严有度，严以律己，宽以待人，广泛尊重学生，听取学生意见，彻底打破传统的课堂管理上自己"一统天下"的局面，那么何愁课堂管理不科学呢？

课堂管理要严而有度，学生"亲其师"才能"信其道"，对学生严中有爱，严中有度，严中有循循善诱，符合学生身心和谐发展规律的严格，才能让学生接受、认可并遵循。如果过于严格，反而会给学生心理上、行为上、情感上造成一定的压力，使他们欲行则难。行中有怨。"师道尊严"这个"力度"的把握，应该成为新时期教师的一种必备的能力。

第二章　巧妙的课堂导入

课堂导入，就是指在课堂教学开始时，教师用与本节内容有关的知识启发、引导学生，使他们全身心地投入到新课中来，从而提高课堂教学的效果。一堂教学课要取得成功，导入十分关键。一个先声夺人的导入确有牵一发而动全身之妙。好的导课可以使学生的注意力集中到将要学习的内容上来，可以明确学习目标，激发动机，激活学生的相关旧知识，使新旧知识建立联系。巧妙的课堂导入是创设良好课堂教学氛围的重要环节，可将学生的注意力迅速集中起来，使其饶有兴趣地投入到新的学习情境中去，提高学习效率。

课堂导入应注意以下几个问题：

第一，课堂导入的中心要明确。也就是说你是为啥导入，导入的目的要明确，为下一步实现新授课做好充分的铺垫。切忌导入随意，没有目的，只是为了吸引学生的兴趣。

第二，课堂导入要富有趣味性。这也是让学生提起兴趣的最关键阶段，是决定学生能否认真听课的前提，如果很有意思，学生马上精神抖擞，想知道到底老师要讲的是什么，那么他的求知欲就被激发出来了，接受知识自然就很容易和积极了。如果我们的导入很平淡和乏味，学生一听就失去了兴趣，有了抵触的情绪，学习效果就不会很乐观。

再有就是导入部分不应占用时间过长。导入就像大餐开始之前的小菜，虽然可以开胃，但毕竟不是主餐，不能喧宾夺主，课堂的主要目的还是授课。导入时间太长，学生过度兴奋都会影响授课任务的完成。导入虽然重要但是毕竟是为了引入课题，不要过分注意，分担了课堂的重心。时间上一般以3分钟左右为宜，最长也不能超过5分钟。这就要求教师在设计时要考虑到语言简明、操作简便，切忌繁琐复杂、冗长拖沓。

另外，导入的主要目的是提高学生对本节课的兴趣，提高学生大脑的兴奋度。导入内容的选择应该慎重。学生在不同的年龄阶段有不同的爱好，感兴趣的东西自然也不同，另外学生的家庭背景也不尽相同，选择导入话题时候应该把这些考虑在内。

教无定法，一堂课如何导入，也没有固定的方法。在实际教学中，教师导入的方式是多种多样的，导入一般有以下几种方法：

1. 直接导入

上课一开始，教师就直接说明这节课的活动主题和活动要求，从而引起学生的注意。这种导入方式的优点是少走弯路，节省时间。

2. 谜语导入

针对教学内容涉及的主要对象打一个谜语，让学生猜一猜，再从谜底引出启发性问题，引起学生思考，从而导入课题。这种导入能够引起学生的兴趣，启发学生积极地思考，让学生体验到成功的喜悦，是学生比较喜欢的导入形式。

3. 谈话导入

通过师生关于对课题相关内容的对话交流导入课题。这种导入可以让学生交流自己的相关经验，从而对课题有一个大概的了解，进而启发学生更深层的思考。

4. 故事导入

这是一种用讲故事的形式引入课题的导入方法。这种导入形式既可以激发学生的情感，培养学生的思维能力，又可以引起学生对本课题的兴趣。

5. 直观导入

这是一种通过观看实物、图片、动画片、电影、电视、录像、光盘资料等直观教具导入课题的方法。这种导入可使学生一开始便进入到直观教学所创设的情境之中，耳濡目染，自然学生学习的积极性也就被调动起来了。

6. 活动导入

在教学中，教师利用事先设计好的活动，如：做游戏、演小品、做运动、角色扮演等，创设一定的情境，激发学生的兴趣，获得一定的体验，启迪学生的思维。

7. 调查导入

通过课前对学生的相关情况做调查或组织学生交流课前调查活动的结果导入课题，使学生在调查和交流以及对调查结果进行分析的过程中获得知识，受到教育，引出本课话题，同时培养学生分析、整理信息的能力。

8. 创设情境导入

在教学中，教师利用语言、音乐、绘画等手段创设一定的情境，激发学生的兴趣，启迪学生的思维，使学生不知不觉、潜移默化地受到教育，获得知识。

下面将具体介绍一些方法，如诗词导入法、音乐导入法、故事导入法以及图片导入法等。

1. 诗词导入法

　　诗词导入法是指教师利用学生易懂、熟悉或自己编写的诗词来导入新课，这种方法具有浪漫的艺术气息，容易培养学生的美感。

　　中国传统的诗词讲究意境，意境本身就是一种高度浓缩的情境。运用与课文相关的诗词做铺垫，可以创设一种优美的情境，激发学生的心理感受，从而使学生能够较好地理解课文。诗词不仅语言优美，而且能调动学生的学习积极性，激发学生的学习动机、兴趣，使枯燥的课堂称为一种美的享受、艺术的海洋。

经典案例

　　王老师在教授《李白思乡》这篇课文时，就成功地运用了这种诗词导入的方法。具体如下：

　　王老师边背唐诗《赠汪伦》边走进教室："李白乘舟将欲行，忽闻岸上踏歌声。桃花潭水深千尺，不及汪伦送我情。"

　　（学生大声地和王老师一起背，脸上露出喜悦的神情。）

　　王老师："大家都会背这首唐诗，那有谁知道它的作者是唐朝的哪位大诗人呢？"

　　学生："李白。"（学生异口同声地回答。）

　　王老师："对了，今天我们又要学一篇有关李白的课文。"

（板书课题：李白思乡。）

案例分析

　　爱因斯坦曾说过："只有热爱是最好的老师。"青少年一般喜欢诗词，有的还专门备有笔记本，广泛收集。诗词语言精练，含意丰富，表现力强，富有深刻的哲理，对学生学好语言不无启迪作用。同时还能陶冶情操，开拓视野，激发情感。

　　李白是我国古代著名的一位大诗人，号称"诗仙"，这首《赠汪伦》可谓是家喻户晓，大部分学生在入学前已经会背了。因此由这首诗作为导入，能引起学生情感共鸣，让他们尽快进入课文角色，成为学习的主人。实践证明发挥好诗词导入的情景效应，造成一种积极的"定势"，让学生带着仰慕的心情学习课文，大有益处。

　　因此，在课堂导语设计中，教师恰到好处地用一些诗文名句，不但能够很快地渲染一种诗情画意的典雅氛围，而且能创设"先声夺人"的审美情境，让课堂教学充满诗情画意，体现出鲜明的抒情格调，让学生接受美的熏陶，这种熏陶不仅有利于学生学习本身，而且还有利于学生心灵与人格的健康发育。

2. 音乐导入法

黑格尔曾经说："音乐是精神，是灵魂，它直接为自身发出声音，引起自身注意，从而感到满足……音乐是灵魂的语言。"因此在教学中，教师可以尝试使用音乐，通过人的听觉器官，使学生产生一种身临其境的感觉，这样，学生的情感就能得到充分的表现，学生的身心获得极大的愉悦，并在此基础上得到提炼和升华。这样便会引发学生的学习兴致，全神贯注于课堂，营造和谐、愉悦的课堂氛围。

经典案例

不知为什么，我们班的学生非常喜欢唱歌，几乎每一届的学生都爱唱。每年唱，每月、每周唱，每天都唱。每节课前，每节自习前都会唱一曲。因此，关于唱歌的班规班法也越来越具体。较早的时候，课前一首歌，学生在座位上爱怎么唱就怎么唱，有的坐直了唱，有的伏在桌子上唱，有的边写作业边唱，有的一心一意地唱，有的三心二意地唱等等。

后来文娱委员说这样唱不好，觉得太随便了，歌唱得也没劲，大家也有同样的感受。再后来便定了一条班规，即课前一首歌，从文娱委员起歌开始，全班同学都要停止别的活动，在座位上坐直，手不能放在桌子上，更不准翻书和写作业，谁如果在大家唱歌时写作业或是手放在桌子上，便要被罚写500字的检讨书。

再后来，我多次强调，唱歌要一心一意，才能达到唱歌的目的，既使大脑得到短时间的休息，又使人陶醉在美好的歌词境界和悠扬的旋律中，使身心轻松而愉悦，使人更热爱生活，更热爱学习，也使人大脑两个半球更容易沟通。于是，我想应该尝试提出更具体的要求。

姿势同原来一样，还要求唱歌时坐直。坐直之后，目视前方的黑板。目视整个黑板不利于集中注意力，要求目视黑板的中缝；中缝长了些，也不利于集中注意力，又要求注意中缝的中点。文娱委员刚一起歌，全班同学立即坐直，都把目光集中在前面黑板的中缝的中点位置。教师从外面进来，一看十分整齐，就像一个大合唱队在剧场里把目光都对准了指挥。

长时间对准中缝一点容易疲劳，也使人感觉乏味。我就要求学生把视线与想象力结合起来；要把前面那一点看成一个面，变成一个图像，甚至变成一个小宇宙；那里面有江河山川、日月星展、花鸟鱼虫……，总之，你唱什么歌，那里面便放映什么图像，那图像是歌词内容的再现。打个比方，那一点就像电视机屏幕，唱什么歌，便像放入了那一首歌的录像带，一张口便打开了电视机开关。

"五星红旗迎风飘扬，胜利的歌声多么响亮……"中缝那一点，便放映出红日、蓝天、白云下的五星红旗正迎风飘扬的画面，紧接着工农兵学商，各行各业的人们唱着嘹亮的歌声，赞扬我们伟大的祖国。

"越过高山，越过平原，跨过奔腾的黄河长江……"那一点上又显现出巍巍青山、宽广的平原、咆哮的黄河、波涛滚滚的长江等画面。这画面不谊是黑白的，色彩越绚丽、越逼真越好。

过了一段时间，我进一步要求学生，不仅把一点看成画面，看成彩色的图像，最重要的要调动身体更多的感觉器官，把那图像变成生动、具体、可感知的某种境界，或者那境界从点中走出来，来到我们的身边，或者自己进入那境界中去，参与那境界中人们的活动，和他们一起体会喜怒哀乐。

"越过高山，越过平原……"感觉高山就在我们身边，就在我们脚下，我们正在向上攀登，我们正骑着马在广阔的大平原上从横驰骋。

"我爱祖国的蓝天，晴空万里阳光灿烂。白云为我铺大道，东风送我

第二章　巧妙的课堂导入　●●●●●

飞向前。金色的朝霞在我身边飞舞，脚下是一片锦绣河山……"唱着这样的歌，看着黑板上的"电视"，越唱越投入，神游广阔的蓝天，鸟瞰祖国大好河山，怎能不豪情满怀，心旷神怡？一心一意唱一首歌之后，确实能使人产生精神焕发的感觉。

"几度风雨，几度春秋，风霜雨雪搏激流。历尽苦难痴心不改，少年壮志不言愁。金色盾牌，热血铸就，危难之处显身手，显身手……"同学们唱着唱着，就像自己同便衣警察一起执行任务，一起无私无畏地同恶势力搏斗，一起经受风霜雪雨的侵袭，重重困难更激发了他们压倒困难的豪情。待回到现实中时，才更感觉自己学习生活的幸福和宝贵，从而更珍惜学习生活。

有同学说："以前我唱歌总心不在焉，三心二意，唱跟没唱一样，有时边唱边想着明天的任务，结果歌没唱好，烦恼也滋长了，明天的事也没干成。现在全身心地唱歌，我进入歌的境界，才感受到诗歌美、音乐美，真的感到陶醉于诗歌、音乐之中，情操得到了陶冶，灵魂得到了净化，全心全意地投入一支歌以后再上课，心情特别好，听课的效率也提高了。"

案例分析

中学时期正是如诗的年华、如歌的岁月。青少年爱唱歌，这是毋庸置疑的。唱歌对于人的身心具有多方面的益处。运用音乐导入是教学中常用的一种手段，它适用于各学科之中。音乐导入的使用，不仅可以渲染气氛，而且能使学生身心愉悦。通常音乐的引入，能在听觉上刺激学生的感官，激发他们的发散性思维，给学生一个想象的空间。所以教学中音乐的导入能使学生更深、更广地接受音乐的熏陶，同时也能激发学生的主动性、积极性，从而使我们的教学贴近生活，为学生所接受。同时，音乐导入法也使我们的课堂充满青春和活力，课堂氛围融洽而和谐。

3. 故事导入法

故事导入法是指教师在教学中用讲故事的形式（如典故、传说、历史、神话故事等）导入新课，加深对新知识、新课题的讲解。故事导入突出了情趣性，与课题紧密相关的故事导入，容易激发学生的学习动机，使学生热情积极地投入到对问题的探索中去，活跃学生的思维。

经典案例

李老师在讲"等比级数求和"时，使用了这样的导语：

李老师先向学生讲述了一则幽默故事。他说：传说印度的舍罕王，要重赏发明64格国际象棋的大臣西萨。他问西萨想要什么奖赏，西萨说："我想要点麦子。您就在这棋盘的第一格赏我一粒麦子，第二格赏我两粒，第三格赏我四粒……依次都是后一格的麦粒比前一格多一倍，您就把64格内的麦粒的总和赏给我吧！"国王听后连忙说："你的要求太低了。"

讲到这里，老师转而问学生："你们说，这个要求真的是太低了吗？"这一问，课堂上顿时活跃了起来。

这时，老师在黑板上写出了18，446，744，073，079，551，615一串数字，然后解释道："这就是西萨要求得到的麦粒的总和。这些麦粒若以重量计算，约为15270亿吨，竟是全世界过去两千年内生产的全部小麦。"

听到这里，同学们兴趣盎然。

这时老师乘势导入新课:"国王为什么吃亏?这样大的数字怎样才能迅速算出?学了《等比级数求和》一课,同学们就清楚了。"

案例分析

李老师所讲的故事生动有趣,且与课题内容联系紧密。李老师所讲述的故事,使学生对故事中数的表示方法产生了浓厚的兴趣,同时也激发了他们的好奇感和学习的迫切感。在这种状态下学习,学生势必会积极主动,变被动的学习者为主动的参与者,这显然比直接把新知识灌输给学生的填鸭式教学效果好。另外,这种方法符合学生对知识的认知规律,使学生能够较好的过渡到新课的学习中。

通常有经验的教师,在课程刚开始时,由于学生大脑皮层的兴奋点可能还停留在课间发生的有趣事情上或上一节课的内容上,因此教师需要因势利导,把学生的注意力巧妙地转移到这节课的学习目标上来,使学生兴致盎然、全神贯注地学习,同时使课堂洋溢着异常活跃的气息。

4. 图片导入法

　　图片导入法，是指教师把实际生活中不能用直观教具引入的内容利用图片表现出来，把一些抽象的知识变成具体的可视的物体，生动形象，使学生一目了然。

经典案例

　　刘老师在讲《迷人的秋色》这篇课文的时候，设计了这样的导入方式：

　　"花木灿烂的春天固然可爱，然而，瓜果遍地的秋色却更加使人欣喜。"上课开始，刘老师说着优美的语句，直接引入主题。

　　接着，华老师向学生出示秋景图，问："同学们，你们看这幅图，图上画些什么？"

　　学生通过仔细观察，发现图上画着柿子、苹果、橘子、香蕉及山楂等水果。

　　刘老师："你们觉得这景色怎么样？"

　　根据学生回答板书课题"迷人的秋色"，学生齐读课题。

　　最后，华老师指着这幅图介绍起来："你们看，那著名的红香蕉苹果，是那么红，那么鲜艳，那么让人喜爱；大金帅苹果金光闪闪，一片黄澄澄的颜色；山楂树上缀满了一颗颗玛瑙似的红果。课文的第三节就生动地描

写了这幅画的内容，你们想不想学?"

学生迫切地打开书本，开始学习起来。

案例分析

心理学研究表明："人在情绪低落时的思维水平只有情绪高涨时的一半。"因此教师在教学中应该想方设法激发学生的学习兴趣，使学生进入欢乐愉快的最佳心理状态，从而打开思维的闸门。刘老师针对学生的这一特点设计了图画，把抽象枯燥的文字用生动形象的画面表现出来，使学生有一种身临其境的感觉。而且，刘老师先出示图画，让学生观察秋天山洼里瓜果丰收的景象，再点出课题，最后介绍图的内容，不仅引起学生的学习兴趣和渴望，而且让学生的情感受到了美的感染，得到一种美的享受。

第三章 炼就精彩课堂

"如果学校里有一位优秀的数学教师，数学就成为学生最喜欢的最感兴趣的学科。就会在许多学生身上发现杰出的数学才能。如果学校里新来一位有天才的生物教师，那么你等着瞧，两年之后，就会出现成十个禀赋高强的少年生物学家，他们爱上了植物，在学校园地上入迷地试验和研究。"苏霍姆林斯基这段话告诉我们教师对学生的成长有着极大的影响，所有教师都应十分清楚地认识这一点。教师应该用心锤炼自己，打造课堂的精彩，让学生在课堂上获得他们成长所需要的"营养"。

一堂课并不是混沌一片，它是由若干教学环节组成。教师要善于从学生的学习实际出发，调动教材内容，安排讲练环节，有起有伏，有鲜明的教学节奏，促使学生大脑皮层产生兴奋。学习投人，效果就比较理想。起始阶段就要精心设计，亮闪闪，吸引学生的注意力。同时，由于学生生活经验和阅读经验的局限，知识和能力有差异，学习必然会碰到这样那样的难题，教师要善于根据教材的实际、学生的实际，确定教学的难点。课堂千万不能"糊"，尤其是学习中的难点，既不能绕道走，也不能马虎从事，要在清楚、清晰上下功夫。有些难点须用分解的方法，有的须前前后后综合起来思考。有些问题表面看来十分矛盾，难以理解，启发学生从整体上考虑，难点就迎刃而解。

教师还应该清醒地认识到，教学目标是驾驭课堂的主率。教学目标制定，如何通过教学过程来实现，须周密考虑，精心设计。年级要求，整册教材，须心中有数，每一课时、每一堂课重点该突出什么，应有全面的安排，并且要由浅入深，循序渐进。课堂上要热气腾腾，高潮迭起。在课堂教学进程中，由于教材深入理解的需要，教与学双方全身心投入，尤其是学生主动积极地进行脑力劳动，产生火花，产生智慧，学习能力得到充分的表现。

要打造精彩课堂，教师应该做到这样几点：

1. 语言富有诱惑力——使学生愿意听

课堂上，学生听的专心，是课堂获得成功标志之一。学生听的是否专心，取决于教师的语言是否具有诱惑力。英国教育家吉尔伯特认为：如果一个人善于运用语言，即使他是个二流的学者，也可能成为一个优秀的教师，否则，即使他很有才华和灵气，也不能成为一个合格的教师。教师的语言，可能会成为诱导学生积极思考、学习的兴奋剂，也可能成为学生恹恹欲睡或呼呼大睡的催眠曲。教师的语言要果断精炼，要简洁条理，要幽默风趣。

2. 问题具有吸引力——使学生愿意想

问题是课堂的必备环节，学生积极思考也是课堂活跃的一个标志。怎样才能引导学生积极思考呢？这很大程度上取决于教师提问问题的质量。问得巧问得好能激发学生思路，打开学生心扉，课堂的精彩往往就来自"不知哪朵云会下雨"。问题要难易适中，富有启发性，教师要能抛出"一石激起千层浪"的问题，才是最高境界。

3. 活动具有驱动力——使学生愿意说和做

学生积极有效地动口、动手，是课堂活跃的主要标志。要使学生积极地动口、动手，应尽量提供机会。课堂上应多设计学生动口、动手环节。特别要注意能让学生说的内容，教师绝不能代劳。对于说什么、做什么、怎么说、怎么做，应向学生提出明确的要求。另外，除了学生回答的问题或动手做的的内容要让学生感兴趣以外，教师还应采取必要的外部激励措施。这样，可以充分调动学生参与的积极性，使学生富有成就感，使课堂活起来。

课堂的精彩，往往来自于互动，来自于情景设置，来自于对细节的重视，下面向大家介绍几种精彩课堂上常用的方法。

1. 开展竞赛，提高学生竞争意识，激发学生兴趣

优秀教师课堂氛围营造的艺术 ●●●●●

争强好胜是人类的天性，而比赛则能把人的这种天性表现得淋漓尽致。

比赛的花样多、新鲜、刺激性、知识性的特点，能极大地满足学生们的挑战欲望。比赛不但能迫使参与者把自身的才能发挥到极致，而且还能增强胜利者内在的信心和力量，也能刺激失败者发现不足、激发其努力上进之心，可谓一举多得。

对于正处在青少年时期、好胜心较强、喜欢表现自己的学生来说，比赛恰好给了他们一个表现自己的机会。因此，比赛就理所当然地成为了他们投入学习的催化剂。

有关教育理论认为：知识不是被动接受的，而是认知主体积极建构的；学习是学习者个体主动的行为，是以先前建构的知识为基础的；学习的过程不是教师向学生传递知识的过程，而是学习者自己建构知识的过程。因此，课堂学习不是学生从外向内不断被动填入新知识，而是他们主动利用已有的知识作为新知识的增长点，不断对课堂知识进行加工和转化的过程。

只有学生积极主动的课堂学习，才是有效的课堂学习。而要让学生积极主动地学习，就必须让他们对课堂感兴趣。在比赛中学习、在学习中比赛，寓教于乐，这样才能大大激发学生的学习热情。在这样的课堂上，学生们不再是被动接受知识的"容器"，而是积极主动的知识探求者，在活跃的氛围中自主学习、合作学习，愉快地接受知识，在潜移默化中领悟到学习的种种乐趣。

经典案例

青岛市崂山区第四中学历史老师公欣科在讲"春秋战国的纷争"时大胆尝试，借鉴电视节目"幸运52"的做法，将涉及春秋战国时期的有关历史典故设计成了问答闯关的形式。

公老师在上这节课提前一个星期将活动方案告诉学生：让他们做好参与闯关的准备，阅读教材以及相关的书籍、资料，尽可能多地了解春秋战国时期的有关历史典故；学生自己合作设计一些成语表演竞猜之类的互动型题目，如两人或三人一组，用形体动作和语言表现某一条成语，让对方选手猜出成语内容并解释出处。公老师也设计了一些相关的抢答题和必答题，题目注重了知识性、趣味性、教育性的有机结合。活动步骤为：

（1）教师担任主持人，将学生分为4组，每组推选3名选手；

（2）通过问答、抢答形式先后选择胜出的两组选手上台闯关；对每组选手设计3道必答题，答对一题记5分，提问完后淘汰分数较低的一组选手（若分数相同可再出一道抢答题分出胜负）；然后再从剩余的两组中以抢答的形式选择新的一组选手上台参与闯关，如此循环进行；

（3）当台上选手回答问题错误时，可请台下学生抢答，回答正确者给该组记3分；

（4）闯关题目由教师和学生分别设计。分数最高的一组为获胜者。

上课了，公老师对学生说："各位同学，在西周末年，点燃烽火是朝中发生危险、要诸侯大臣前来支援的信号。昏庸无道的周幽王为博得王妃褒姒一笑，居然点燃烽火。各路诸侯误以为犬戎犯境，迅速领兵支援。来到后，出人意料的是，幽王只说是与妃子游戏，诸侯只得返回。褒姒见各路诸侯匆匆来去，觉得十分有趣，便开怀大笑。后来，犬戎真的犯境，大臣以为仍是幽王跟王妃的戏耍，因此无人来救，致使幽王被杀，西周灭亡。从此，周天子的权威一落千丈，出现了春秋战国时期群雄并起、诸王

纷争的局面。春秋战国历时500余年，其间战争此起彼伏，风云人物层出不穷，局势跌宕变幻。战场上的兵戎相见，军营中的运筹帷幄，外交场合的谋略交锋，给我们留下了大量耳熟能详的历史典故。今天，我们就来个春秋战国时期的历史典故大闯关，大家来比一比谁对春秋战国的典故知道得多，了解得广。"

宣布完闯关规则，竞赛开始了，公老师说："请听第一道抢答题：春秋时期，周天子的地位一落千丈，诸侯不再听命于周王，一些强大的诸侯趁机发动兼并战争，强迫其他各国承认其霸主地位。请问春秋争霸时打着"尊王攘夷"旗号，成为第一位霸主的是谁？"

"齐桓公！"有学生答。

公老师请回答得最快且正确的小组选手上台，作为闯关者之一。

"下面请其余三组选手听第二道抢答题：齐桓公在成就霸业时，曾得到一个人的辅佐。此人在齐桓公继位前曾侍从齐桓公的政敌，为与齐桓公争夺王位，曾射过他一箭。但齐桓公上台后，看重此人的才干，不计这一箭之仇，反而拜其为相，实施改革，终于国富兵强，此人是谁？"

"管仲！"有学生迅速回答。

公老师又请回答正确、速度最快的小组选手上台，作为闯关者之二。

"好，现在参加第一轮闯关的两组选手已经产生。接下来，每组选手需要回答三道必答题，答对一题记5分，答错记0分。必答题回答完后，分数较低的一组选手将被暂时淘汰，我们将从台下的两组中以抢答的形式再选择一名胜出者上台参加闯关。台上选手未能正确回答的必答题，将交给台下的同学抢答，抢答正确的同学，你将会为你所在的组赢得3分。"

公老师向台上两组选手分别提出3道必答题。

A组：

第一题：晋文公是春秋时期的另一位霸主，奠定其霸主地位的决定性战役是哪一次？

"城濮之战！"

第二题：成语"退避三舍"就源于城濮之战，你能说说"退避三舍"的由来吗？

第三题：晋国发展到战国初年，以国君为首的旧贵族日益衰落，最后晋国被新兴地主阶级集团一分为三，请问：晋国被分成了哪三个国家？

"韩、赵、魏。"

B组：

第一题：楚庄王是春秋时期的又一位霸主，相传成语"一鸣惊人"就与他有关，你能说说"一鸣惊人"的由来吗？

第二题：据说楚庄王在推行霸业的过程中，曾率军在周王室所在的洛邑郊外耀武扬威，并遣使问九鼎的大小轻重。你知道楚庄王此举的用意是什么吗？

第三题：春秋末年，南方的吴、越也加入了争霸战争。吴王夫差大败越国，越王勾践受尽屈辱，立志雪耻，经过十年生聚，十年教训，终于灭掉吴国。后人把越王勾践发愤图强、立志报仇的事情演变成一个成语。

"卧薪尝胆。"

在两组选手回答必答题的过程中，凡答错的题目都交给台下学生抢答，并按规则计分。两组必答题回答完毕后，按分数多少淘汰分数较低的一组选手下台。若两组分数相同，可再加一道抢答题决出胜负。

"好，第一轮闯关已经结束，请台下的两组选手听题，胜利者将上台与擂主一较高低。请听抢答题：这道题叫做"是真是假。"下面的三个选项中，有真有假，请你判断哪些是真，哪些是假？"

A. 大家都听说过姜太公（姜子牙）钓鱼的故事。齐国是姜太公的封地，所以，齐桓公姓姜。

B. 战国时，齐国的新兴地主集团——田氏夺取了齐国王位，史称"田氏代齐"。

C. 齐国的都城邯郸是当时中国的大城市，成语"车水马龙""摩肩接踵""挥汗如雨"就是当时邯郸繁华的写照。

其中：A、B为真；C为假，应为临淄。

公老师请选择正确的小组选手上台。

"好，第二轮闯关的选手已经产生，请台上的两组选手听题。"公老师向台上两组选手分别提出3道必答题。

A 组：

第一题：这是一道连线题，请选手将相关的历史人物和历史典故之间连线：

管仲　纸上谈兵

孙膑　老马识途

廉颇　围魏救赵

赵括　负荆请罪

第二题：请 B 组选手表演成语，然后要求 A 组选手猜成语内容并解释其出处。如：B 组一名学生背负一根树枝，对另一名学生做道歉状。（负荆请罪）

第三题：公元前 227 年，燕国太子丹派荆轲前往秦国刺杀秦王嬴政，演出悲壮的一幕。荆轲告别太子丹时，慷慨高歌："风萧萧兮易水寒，壮士一去兮不复还。"到了秦国，荆轲以重金收买秦王宠臣，得见秦王。荆轲假称要向秦王嬴政献上督亢地区的地图，当嬴政打开地图时，荆轲抓起卷在地图中的匕首，向秦王刺去。秦王大惊，猛地挣脱。荆轲被秦的武士所杀。这一故事成为哪一条成语的典故？

"图穷匕见。"

B 组：

第一题：连线题，请选手将相关的历史人物和历史典故之间连线：

赵武灵王　胡服骑射

信陵君　完璧归赵

蔺相如　窃符救赵

孙武　三令五申

第二题：请 A 组选手表演成语，然后要求 B 组选手猜成语内容并解释其出处。如：A 组两名学生面对面站立，一名学生向后倒退三步，每退一步就喊一声"30 里"。（退避三舍）

第三题：战国时代秦楚相争频繁，各诸王国视利害所重，时而助秦，时而事楚。因而形成了一个形容在列强争夺势力范围的条件下，各集团和人们的态度动摇多变，反复无常的成语。这个成语是？

"朝秦暮楚。"

按照前面第一轮闯关的步骤，淘汰得分较低的小组选手下台，以抢答题形式选拔新的小组选手上台参与新一轮闯关。如此循环，闯关轮回了几次。最后公老师宣布得分最高的小组为获胜者，并给予适当的奖励。

最后，公老师问道："通过今天的活动，大家来说一说，你对其中的哪些历史人物或历史典故印象最深？为什么？谈谈你的体会。"

学生们似乎还未从"幸运52"中回过神来，一个个抢答似的说了起来，而且各抒己见。公老师欣慰地笑了，也沉浸在了无穷的回味中。

案例分析

我们知道，历史讲解是十分沉闷、枯燥的，公老师却将其变成了一次别开生面的知识竞赛，让学生亲临了一次''幸运52''的现场，气氛活跃，热闹非凡。公老师的聪明之处在于，没有令人头疼的解说，更没有干巴巴的照本宣科，而是用一堂别开生面的知识竞赛调动了每一个学生的积极性，让他们自然而然地明白"知识的魅力是无穷的，你们现在还有很多东西不太懂或不如人意，你们应该好好学习"！公老师的做法值得每一个教师借鉴、学习。

这节别开生面的历史课，一方面引导学生了解春秋战国时期争霸战争中涌现出的杰出人物、著名战役及相关的成语典故，突出学生学习的主体地位，激发学生学习历史的热情和兴趣，拓宽、丰富学生的历史知识；另一方面又引导学生在了解历史人物、典故的过程中进行感受，并形成奋发图强、竞争向上、沉着机智的优良品质。

2. 组织活动，引导学生积极参与

  课堂是一个学生主动参与的富有挑战性的场所，是学生探索、学习知识的场所。因此，我们在教学时，应转变观念，积极创造轻松、和谐的课堂氛围，才能使学生在关爱中愿意学习，主动学习，乐于学习，创造性学习。

  孔子说过："知之者不如好之者，好之者不如乐之者。"要想营造良好的课堂氛围，教师必须要精心策划教学活动，充分调动学生的积极性，并激发学生的兴趣，让学生成为主动的学习者和探究者。在教学活动中，教师应使每一位学生感受到老师对他的关爱，巡回或深入学生之中。教师可以不断改变课堂活动的方式，例如口答、抢答、分组讨论、练习、活动、数学游戏等等，为学生创造丰富的语言情境，带动大家积极加入，以最好的状态完成每一次课，并使学生在轻松、愉悦的氛围中得到提高、发展。

经典案例

  以下是著名特级教师詹明道在教授小学生《平均数》课前与学生交流的精彩片断。

  老师：你们知道我叫什么名字吗，你们应该怎么称呼我呢？

  学生：老师，您姓詹，全名是詹明道，我们应该称呼您为詹老师。

  老师：唉！你们是怎么知道我的名字的？

学生：我是看到大屏幕上的介绍知道的。

老师：很高兴认识你这个善于观察、勇于发言的小朋友，请你们再仔细观察老师名字的每个字，思考一下，老师的爸爸妈妈为什么给老师起这个名字，包含了他们对我的什么感情？

学生：我认为："詹"是姓，没有明确的意思，"明"是明确、懂得的意思，"道"是道理的意思，我想您的爸爸妈妈给您起这个名字是希望您能好好学习，多明白一些道理，做一个有知识、有学问的人。

老师：来握握手，太棒了，真高兴认识你这个善于分析、勤于思考的小朋友，你说的很有道理。

学生：我觉得："明"还有光明的意思，"道"还有道路的意思，我猜想您的爸爸妈妈给您起这个名字的用意是祝福您、保佑您从小到大一直走在光明的大道上。

老师（激动地说）：真了不起！你真是一个善于创新、明白道理的小朋友，其实老师的爸爸妈妈给老师起这个名字确实包含了这两个方面的含义，体了了他们对我的感情和对我的祝福！其实你们的爸爸妈妈和老师的爸爸妈妈一样，对你们也是这样的感情。

老师：好，同学们，你们看这是什么？

学生：套圈。

老师：你们玩过套圈游戏吗？让我们做个套圈比赛的游戏轻松一下，好吗？

学生（兴奋地说）：太好了。

老师：下面我来说一说比赛的规则：一是请男、女生各一名参加比赛，在等距离的情况下每人套8个圈；二是请男、女生各一人用画正字的方法统计套中的成绩，男生统计女生的成绩，女生统计男生的成绩，我们要做一名公正的小裁判；三是其余的同学做啦啦队员，我们每个人都要做一名文明的观众。

学生进行第一轮比赛，男生套中5个，女生套中4个。

老师："是男生赢，还是女生赢？你是怎么裁决的？"

学生：男生赢，因为男生套中的多。

老师：让我们以掌声向男生代表队表示祝贺。

老师：女同学们，你们服气吗？想不想再玩一次？

学生：想。

老师请另两名学生进行第二轮比赛，男生套中 4 个，女生套中 6 个。

老师：第二轮是哪个代表队赢？

学生：女生赢。

老师：让我们以热烈的掌声向女生代表队表示祝贺。

老师：经过两轮激烈的比赛，综合起来看，究竟是男生赢还是女生赢？你是怎样裁决的？

学生：男生一共套中了 9 个，女生一共套了 10 个，所以说是女生赢了。

老师：这位同学用比总数的方法裁决出是女生赢，这种方法公平吗？

学生：公平。

突然有一名男生说：不公平，我认为是平局。

老师：噢！你能不能说说你认为是平局的理由呢？

学生：按照乒乓球比赛规则，只比哪个队胜的局数多，而不看哪个队赢的分数多。

老师：你们认为他说的有道理吗？

学生：有道理。

老师：真是太精彩了，不同的比赛有不同的规则，同样的比赛，用不同的规则去衡量它，就会有不同的比赛结果，让我们为他的精彩发言鼓掌。

案例分析

詹老师一开始就注重与学生间的互动交流，通过对名字的讨论，营造了活跃、轻松、自然、融洽的课堂氛围，这样有利于学生能动性的发挥。

教师注重以游戏的方式进行教学，让学生积极主动地参与到活动中去，激发学生的学习兴趣，教师所选的游戏，符合学生的年龄、心理特点，同时又与教学内容相符合，这样的教学不局限于课堂，使课内与生活实际相结合，让学生掌握知识的同时，注重培养学生的人文素养，如竞争意识，团结协作的精神，公正文明地做人，使教学中的工具性与人文性相统一。此外，在游戏中教师还善于引导学生，激励学生。

游戏是学生非常喜欢的一种趣味性活动，尤其是在知识性的枯燥的课堂上。教师在教学中，如果能针对教材本身特点和学生的年龄特征，采用生动活泼、形式多样的游戏活动来组织教学，就会使课堂生动有趣，从而高效率地完成教学任务。将这种活动引入课堂，不仅可以发展学生的形象思维，加深对教学内容的理解，而且更适合学生的心理特点。

游戏的形式是多种多样的，有些游戏活动具有很强的竞争性，可以激励学生主动积极的思考；有些游戏具有很强的独立性，可以激励学生表现自己、发现自己和了解自己；有些游戏带有表演合作的性质，这就需要同学之间团结互助、齐心协力、密切配合、共同完成活动。

通过教学游戏，在快乐中求得知识、在兴趣中提升智慧、在美中陶情，参与游戏的学生无不全力以赴、用心投入。作为教师应抓住这一点，在教学中利用游戏的形式来调动学生的兴趣，不断采用学生喜闻乐见的形式来进行教学，使课堂成为学生学习的乐园。学生在课堂上感受到了游戏的乐趣，那他们的学习积极性会被充分调动起来，兴趣也会越来越浓厚。

第三章 炼就精彩课堂

3. 课堂辩论，促使学生不断探究

辩论赛，形式上是参赛双方就某一问题进行辩论的一种竞赛活动，实际上是围绕辩论的问题而展开的一种知识的竞赛、思维反映能力的竞赛、语言表达能力的竞赛，也是综合能力的竞赛。可以说，辩论是唇枪舌剑的"战斗"，是思想与思想的撞击，是智慧与智慧的较量。

无论是思维，还是语言表达，都是一个学生应该具备且不可缺少的能力。因此，作为教师，我们应多多培养并锻炼学生，让他们在辩论中学习和成长。

有位哲人说过："你给我一个苹果，我也给你一个苹果，那么我们手头还是只有一个苹果；但是，假若你给我一种思想，我也给你一种思想，那么，我们每个人就拥有了两种不同的思想"。具体来讲，课堂中组织辩论至少有以下几方面的好处。首先，能促使学生在课堂上大胆探讨问题，精力集中，思维活跃，有助于学生思维能力的开发与发展；其次，能促使学生对问题或不同见解进行深入思考；再次，学生要想在辩论中指出对方的错误或形成自己的观点，必然要深入地搜索大脑中相关的资料、知识等。这个过程，可以培养学生动手动脑的良好习惯，激发学生深入探究的学习兴趣；最后，能让学生之间实现知识的共享，促进学生之间的交流和合作，并在辩论中不断学习和成长。

经典案例

北京教科院基础教育教学研究中心数学室主任、全国著名特级教师吴正宪的教学设计十分精妙，令人耳目一新，赞不绝口。

吴正宪老师在讲完"分数的初步认识"中分数的产生及概念后，为深化学生对分数概念的理解，强调分数概念中的"平均分"，设计了一道判断题："把一张圆纸片分成两份，每份各占1/2"。

结果学生的回答截然不同，吴老师没有简单做出评判，而是组织学生进行了辩论。

吴老师："各位同学注意了，认为这道题正确的同学请到我的左边排好队，认为是错误的同学请到我的右边排好队。"

于是全班学生走到台上，分成左右两队，但还是争论不休。

吴正宪："现在我们把认为正确的队作为正方，认为错误的队作为反方，我们来进行一场辩论，看哪一方更能说服对方。先请正方同学推选出两名代表，向反方说明自己的理由；然后再请反方同学推选两名代表向正方说明自己的理由。"

正方派出两名学生，吴老师给他们一张圆纸片。一名学生从中间对折，撕开，拿出一片反问反方："我们把这张圆纸片分成两份，这其中的一份难道不占它的1/2吗？"

反方同学一听便沉不住气了，急着要表达自己的想法，于是吴老师也给了反方两名代表一张圆纸片。

反方学生把圆纸片撕成大小不等的两片，拿出一片，向正方学生示意："我们也把圆纸片分成两份，这一小片难道占整个圆纸片的1/2吗？"

两队各持己见，僵持不下。于是，吴老师说："认为对方正确的同学，可以站到对方的队伍里去"。这时正方大多数同学站到了反方那边，但还有两名同学始终坚持自己的观点。

于是吴老师问他俩："你们不服，还有什么理由吗？"

这两个学生展示了自己的分法后说，"这道题是说把一张圆纸片分成

两份，我们把圆纸片平均分成两份了，难道不占 1/2 吗？"

但一反方代表也在出示了自己的分法后反问："你们是平均分成两份，可是题目里并没有说是平均分呀！难道我们不是分成两片吗？你们说，这一小片难道占整个圆纸片的 1/2 吗？"

吴老师："看来是否是'平均分'确实很关键，能不能占 1/2 要看是否把圆片'平均分'了。刚才辩论中，反方抓住题目是否'平均分'这个关键点，一举攻破了正方的观点，使问题得到了解决。因此，老师要感谢你们。"

反方学生齐道："不用谢。"

接着，吴老师向反方同学鞠躬，并请反方同学回到座位上。

吴老师又转向正方同学，握住正方最后两名学生的手说："老师也感谢你们，正因为你们提供了错误的判断，才使得大家对出错的原因有了分析，对分数的定义有了更深的理解，谢谢你们！"

正方两位同学表现出不好意思的神情，但同样齐说"不用谢"。

听后，老师和学生们便都笑了，显然，这种笑，是善意的笑，是发自内心的笑。

这场辩论中，到底谁对谁错，吴老师没有直接、简单地下结论，而是将思索权和主动权交到学生手里，引导着学生们在唇枪舌剑中明晰事理，这比起简单的"以势压人"、强制灌输的方法要明智、高明得多。

案例分析

吴老师看见学生的意见不一致，并没有直接作出评断，指出谁对谁错，而是随机组织了一场"辩论"赛。这就要求学生势必要用一定的理由来说明自己的见解，去揭露对方观点的错误之处。这无疑锻炼了他们的思维反应能力与口头表达能力。这个过程本身也增强了师生间、学生间的信息传递，加深学生对知识的理解和掌握。

在辩论结束的时候，吴老师还及时对其进行了评价，对"胜利者"给予肯定的同时，也没有忘记对"失败者"作适当的安慰与鼓励。不挫伤每

（页面左侧竖排文字）优秀教师课堂氛围营造的艺术

一位学生的自尊心，并积极关注学生在学习中的情感与态度，使学生始终在平等和谐的氛围中进行学习活动，使课堂时刻体现了人文关怀。

我们知道，"真理越辩越明"，辩论赛提供了学生表达自己观点的机会，并满足了学生展现自我的心理，使学生对分数的概念有了进一步的认识、更深层次的理解。而且相互辩论的过程也激活了学生的思维，锻炼了学生的表达勇气和能力。同时，辩论活动使学生的口才、机智、渊博的知识等优点充分展现出来，大大增强了学生的自信心。

4. 巧妙提问，引发学生思考

　　课堂提问是课堂教学步骤中的一个不可缺少的环节，它在课堂气氛的创造上也有着突出的作用。如果说课堂导言已经创造一种课堂气氛，那么课堂提问则要巩固和发展这种气氛。新颖的问题才能引起学生的注意，才能创造出一种具有吸引学生注意力的气氛。另外，课堂提问还要讲究别致。别致的问题往往会创造出独特的课堂气氛来。教师在教学中应通过新颖别致的提问激活课堂，使学生的思维在课堂上得以发展，使课堂充满活力。此外，课堂提问还要把握好课堂提问的时机。

　　有经验的教师在教学过程中常常以精心设计的提问启迪学生的思维，激发他们的求知欲，促使他们积极参与学习，帮助他们理解和掌握知识，为学生发现疑难问题、解决疑难问题提供桥梁和阶梯，引导他们一步步打开知识的大门。

经典案例

　　课堂提问是一项设置疑问、激发兴趣、引起思考的综合性教学艺术，它不但是教师素质的体现，还是教师教学观念的流露。下面是王冬英老师和刘宝丽老师教《小狮子爱尔莎》这一课时的教学片断，从中我们不难看出，课堂提问和把握课堂提问时机的重要性。

　　在第一次教《小狮子爱尔莎》一课的课堂上，王冬英老师以观看狮子独立捕食的录像导入，然后问学生："看了录像，你想用哪几个词或哪句话来说一说狮子？""狮子给你留下了怎样的印象？"在学生读通读顺课文之后，教师提问："录像中的狮子是凶猛的，可爱尔莎在'我'的眼中是什么样的呢？它有什么特点呢？"学生围绕教师提问默读课文，有的边读边想，有的边读边划，在充分思考之后，学生争先恐后地谈起自己的看法来。当学生谈到"……它好像听懂了我的话，撒娇似的吮着我的大拇指，用头舔着我的膝盖，鼻子里发出轻轻的哼声"时，王老师问："你平时是怎样在父母面前撒娇的？"一个学生回答："我让爸爸给我买，而东西爸爸不答应时，我会拉着爸爸的手，边甩边说'爸爸，我要嘛，我要嘛'。"同学们都笑了起来，老师因势引导学生有感情朗读课文，一时间，教室里书声琅琅

在第二次教这篇课文时，王冬英老师对教学环节和流程作了较大改动，给学生更多的时间朗读课文。在初读感知的环节里，教师要求学生读准字音，划出难读或喜欢的句子，多读几遍。有这样一段对话：

老师：谁愿意把想读的句子读给大家听？

学生：我喜欢这一句：它那蒙着蓝薄膜的小眼睛睁开了，那水汪汪的眼珠滴溜溜地转。

老师：同样喜欢这一句的同学再来读一读。（学生2读了该句）

老师：比较两位同学读的，你发现了什么？

学生3：我发现学生2读得更有感情一些，他读出了小狮子的可爱。

老师：是这样的，请同学们再来读读这一句。

老师：还有哪些同学有其它的句子想读一读？

学生4：我觉得这一句很难懂："我用鞭子着（zhe）实教训了他一顿"。这一句中的"着（zhe）实"读起来很别扭，而且我也不知道这个词是什么意思。

学生5：这个词读"着（zhao）实"。

老师：是的。还有没有其他难读的句子？

可见，王老师把握住每一个提问的机会，使学生尽可能参与课堂讨论。并且设置的问题目标明确，牵一发而动全身，抓住了文章的关键，有

效地引导学生分析、理解课文，体会文章的情感。不过，美中不足的是，王老师没有改正学生的错误——"着（zhao）实"，使学生没有及时获得正确的知识。

在刘宝丽老师第一次执教《小狮子爱尔莎》的课堂上，学生围绕刘老师提出的中心问题："爱尔莎是一只怎样的狮子呢"分析理解课文。读到爱尔莎"洗澡"一段"它看我蹲在河边，故意扑腾起浪花，还用前爪轻轻地把我扑倒在地上，十分高兴地和我开玩笑。"时，教师问："看到这种情景，你觉得他们像一对什么呢"学生的回答五花八门：像朋友、像母子、像伙伴、像亲戚，甚至词不达意地说"像子女"。接着学生往后分析到"换牙"段，"爱尔莎开始换牙的时候，像孩子一样张开嘴给我看。我轻轻地摇动它快要脱落的乳牙，它闭着眼睛，一动也不动"。教师又发问："此情此景，他们像一对什么？"学生答："像母子。"

刘老师前后几次提出"他们像一对什么"的问题，使课文分析或学生体验情感有迂回现象，也由于这个问题在"洗澡段"出现不够恰当，导致分析效果欠佳。

第二次执教时，刘老师以"你喂养过小动物吗？你给它取过名字吗？"导入新课，三位学生分别做了回答，喂过小兔子、小鸭、小狗，学生有的凝听，有的偷笑，气氛轻松活跃。

在分析到爱尔莎抓伤驴子的内容时，教师问：王人是怎么训斥狮子的呢？

生1：边挥鞭子边说：我叫你欺负人，我叫你欺负人！

生2：爱尔莎呀，它可是我们的好伙伴，你伤害了他们，谁给我们驮行李呢？以后可不许这样了哟！

在分析作者要把爱尔莎送回大自然，二者难舍难分时，教师问："三年来，他们已经情同母子了，可是为什么又面临这种分别呢？"生答："爱尔莎是野生动物，大自然才是它的家"，"作者越是爱爱尔莎，就越是应该把它送回大自然。"

案例分析

　　小学生的思维没有主动性，必须通过一定的手段，才能激发学生的积极思维，而课堂提问是教学中反馈学生掌握情况的最常用手段，它是一种教学方法，也是一门艺术。

　　王冬英老师在第一课时教学中的提问能够把握住时机，堪称绝妙。牵一发而动全身，抓住文章的关键。将文章的所有问题归为一个问题，由这个问题将其余牵引出来，有效地引导学生分析理解课。刘宝丽老师在第二次教学中提出的问题也很好，抓住了重点，适时地将学生导入情境，有效地激发了学生的学习热情。

　　但如果提问方法用得不妥，就很难起到它的作用了。如王冬英老师没有很好地掌握学生阅读方面的理论，她不知道读通读顺课文是初读时的基本目标，而"有感情"则是在学生分析，感悟文本时逐步做到的，而且她对于学生提出的问题没有正视，错失了培养学生质疑精神的良好时机。刘宝丽老师在提问时，使课文分析有迂回现象，这属于教学事故，是提问法没有掌握好。

　　所以说，我们一定要掌握好提问的时机，这样不仅可以及时检查学生学习情况，开拓学生思维，激发学生兴趣，引领学生进一步体会文章情感，引起感情上的共鸣，还有助于活跃课堂气氛，促进课堂教学的和谐有序发展。

　　课堂提问是教学中反馈学生掌握情况的最常用的手段。它是一种教学方法，也是一门艺术，不仅可以及时检查学生学习情况，拓宽学生思路，启迪思维，还有助于发挥教师的主导作用，调节教学进程，活跃课堂气氛，促进课堂教学的和谐发展。课堂提问更是课堂中最普遍的师生互动方式，它能帮助教师了解和把握学生的学习状况，调控课堂教学，精彩而有效的提问能使教学有声有色，提高课堂教学的质量。

第三章　炼就精彩课堂

第四章　课堂教学技巧运用

课堂教学是一个复杂而多样的工作，课堂教学是一门科学，又是一门艺术。

作为教师，可能都有这样的经历：在课堂上，任你讲得东南西北，唾沫乱飞，可偏偏就有学生要么看小说，要么东张西望，有的看似"正襟危坐"，实则"身在曹营心在汉"，有的精神不振，恹恹欲睡……对于这样的情况，仔细想想，学生上课不能听课，跟老师的课堂组织教学有很大的关系，说明我们的课堂不精彩，不能吸引学生，学生不感兴趣。所以老师必须善于运用多种教学技巧，巧妙组织课堂教学。

1. 用激情点燃学习的欲望

苏霍姆林斯基说："有激情的课堂教学，能够使学生带着一种高涨的激动的情绪从事学习和思考。"也就是说，有激情的课堂教学是奔放的，有吸引力和感染力的，这显然是高效率的课堂必不可少的元素。高效的课堂需要师生焕发生命的激情，点燃心灵圣火，拨动生命的琴弦。因为只有激情才会有创造；只有激情，才能使教诲永远具有探究的魅力。赞可夫曾经说："智力活动是在情绪高涨的气氛里进行的。"因此，激情的课堂更需要教师拥有一颗充满激情的心灵。

我们知道，充满激情的课堂能激起学生努力学习、探索新知的欲望，能够调动学生探究问题的主动性和积极性，激发学生的想象力，拓展学生的思维，帮助学生更好地掌握知识并不断进步。

经典案例

著名教师窦桂梅老师所教的《难忘的一课》，就是这样一堂富有激情、非常精彩的课。

上课了，窦老师首先带领学生阅读、分析重点课文，随后，在悠扬婉转的《思乡曲》中，师生共同深情朗诵台湾著名诗人余光中先生的《乡愁》：

"小时候/乡愁是一枚小小的邮票/我在这头/母亲在那头/长大后/乡愁

是一张窄窄的船票/我在这头/新娘在那头/后来呀/乡愁是一方矮矮的坟墓/我在外头/母亲在里头/而现在/乡愁是一湾浅浅的海峡/我在这头/大陆在那头……

窦老师：看得出，此时此刻，同学们的心已经沸腾，还有什么话能足以表达我们那份心情呢？只有那一句……

学生（齐声朗读）：我是中国人，我爱中国！

窦老师：放声朗诵来表达你此时的心情吧！

（学生再一次大声朗读）

窦老师：下面，请大家拿起笔，再写一写这句话，并将这句话永远地镌刻在你心灵的深处。

（师生共同提笔，教师用红笔，学生一个个凝神静气地、庄严地、神圣地、含着热。泪写这句话）

窦老师：想读就大声读吧！

学生：我是中国人，我爱中国！

窦老师：语气虽然不同，但感受和认识是一样深刻的！

窦老师（充满激情地说）：同学们，通过这堂课，相信你一定记住了"我是中国人，我爱中国"这句话，世界上什么都可以选择，但唯独不能选择的是自己的父母、自己的祖国。或许有一天，你身在国外，但请你不要忘了今天的这堂课，更不能忘了这堂课里你记住的"我是中国人，我爱中国！"我们大家再读一遍这句话吧！

学生：（铿锵有力地）我是中国人，我爱中国！

窦老师：读得太好了！同学们，咱们今天上的不是普通的语文课，而是一堂人生感悟课，因此，这也就称得上是……

学生：难忘的一课！（教师在课题后加上感叹号，在全场掌声中结束教学）

案例分析

窦桂梅老师的这一案例最大的特色就是通过创设情境，用激情的语言

优秀教师课堂氛围营造的艺术 ●●●●●●

唤起学生内心强烈的情感，达到对学生情感、态度、价值观的陶冶和熏陶。

一堂有灵性的课离不开激情，这激情包括老师的激情和学生的激情，老师的激情源于对教育教学工作的热爱，学生的激情来自老师的唤发引导。师生的激情感悟交流中，形成对各自人生观、价值观的新的感悟和定位。

一堂好课的基础是授课者的激情，富有激情的课堂能激起学生求知创新、勤奋学习的激情，调动学生探究问题的主动性和积极性，激发学生的想象思维，拓展学生的思路，帮助学生更好地掌握知识。而这种激情有利于教师把知识燃烧，燃烧的过程既是感染自己，也是感染学生。所以，只有教师充满激情的生命活力在课堂中不断涌动，才能真正有助于学生的培养和成长，才能让生命之花在课堂上尽情绽放，使课堂成为师生共同成长的生命历程。在实施素质教育的今天，随着新课程改革的不断深入，营造课堂教学激情氛围，提高教学效率，应是我们每位教师的自觉追求。

2. 得体的语言是最好的工具

语言是人类最重要的交际工具。人们借助语言进行彼此间的交流，同时利用语言保存和传递人类文明的成果。有句话说得好，办事要有分寸，说话要讲尺度。中国人自古就讲究说话尺度和办事分寸。古人说:" 遇沉沉不语之士，且莫输心；见悻悻自好之人，应须防口。" 可见，与人说话蕴含着分寸的玄机。

说话不到位，说不到点子上，别人可能悟不明白，理解不透，琢磨不出你的真实用意，你提出的想法或要求也不会被人重视和接受，非但事情办不成，也常常被人瞧不起。这样怎么能换取别人的欣赏与亲善呢？怎么能赢得别人的友谊和器重呢？

此外，说话说得太过头也不行。好说大话，言辞太尖刻，让人听了不愉快，觉得你不识大体，不懂规矩，不知好歹，这样的人常常被人敬而远之，也同样无法与人正常交往。说话的尺度类似于一匹宝马，驾驭好了可以日行千里，帮你冲锋陷阵；驾驭不好，就可能让你摔跟头，甚至踢伤别人。

作为一名教师，尤其要注意说话的尺度，善于运用得体的语言解决教学过程中出现的种种问题，让它成为激励学生前进的助推器，而不是伤害学生自尊的利器。

经典案例

这几天学校组织初二年级学生去绍兴柯岩春游。下午五点多，我带学生回到了学校。放学时，我再三嘱咐学生们注意安全，及时回家。

大约六点半的时候，饭刚吃了一半，我家的电话铃急促地响了起来。我走到电话机旁，"喂！李老师吗？我是军的爸爸，请问军春游回来了吗？""早回来了，已经一个多小时了，这孩子会不会又和其他同学一起去玩了？"我很好奇地询问。

哪知，晚上九点多了，电话铃急促地响了起来。我听了后才知道军到现在还没有回家。会不会出事了呢？我连忙劝慰，"你不要着急，我出来和你一起去找找看，你在家等我好吗？""好的！"

我来到军的家，和军爸爸一起把学校和他家附近的录像厅、游戏厅、网吧几乎找了个遍，平时和他一起玩的同学也都问遍了，就是没有找到军。在找完最后一家游戏厅的时候已经是深夜12点多了，军爸爸不好意地说："李老师，时间很晚了，看来晚上找不到了。明天再说吧！"此时，我也不知道用什么话去安慰他。自己一声不响地回了家，整个晚上都没睡好觉。

第二天早上，我早早起来到了学校门口，发现军的爸爸等在学校的门口，"军找到了吗？""没有"。"军爸爸，我再向全班同学打听一下，问问其它班的同学，有消息马上告诉你。"去班级的路上我始终在想他会到哪去呢。走进教室，却发现军正坐在自己的位子上不好意思地看着我。这时我真的好气愤："军，你出来，你昨天去哪儿了？你知道我和你爸爸找了你一夜吗？你不回家也不会向家里打个电话啊？你这人有毛病啊？"我狠狠地教训了他一顿，军一声不响，只是一脸的恐惧。

但万没想到，就是这件事，就是这一句话的过失，使这个平时活泼、聪明的他，从此再也不喜欢说话了，见到我就远远地避开。期中考试一落千丈，这时我开始注意起他来，开始反思自己。我意识到，在处理军出走这件事上，是我一时冲动，说话太过分了，因而刺伤了他的自尊心。军那

一脸的恐惧常常在我脑际浮现。于是，在一次广播操以后，我把军叫到了自己的跟前，我真诚地对他说："军，上次春游后发生的事，老师处理不好，老师向你道歉，请你原谅……"还没等我的话说完，军的脸一下子红了，眼泪不断地往下掉，"老师，是我不好，是我的错，我以后一定不会再犯这样的错了。"不久，一张天真可爱的笑脸又回来了。军在今年的中考中取得了优异的成绩。

案例分析

学生做错事常有发生，如果老师一时冲动，按自己的性子去办事，多数会把原来比较容易解决的事情搞砸。不论遇到什么事，作为老师，首先应控制自己的情绪，然后想一个合适的方法，选择一个合适的场合予以解决。更要明白，什么话应该说，什么话不应该说。相信，如果我当时能忖度一下自己的语言，心平静气地跟他谈，便不会有中间的小插曲。

当然，人无完人，老师也有错的时候，只要正确认识，善于发现自己的错误，及时反思、纠正，用妥善的方法去解决，相信同学们也一定会理解你的。但是，教师一定要注意跟学生的沟通技巧，切忌我们的不负责任的话一句话可能会伤害孩子幼小的心灵，给孩子的一生造成无可估量的损失；相反，如果我们用得体、恰当的语言跟孩子交流，会使孩子感受到教师的关爱和温暖，成为学生进步的动力，同时也有可能让他们终生受益。

3．善于运用肢体语言

肢体语言是人的身势或手势语，它属于非语言信息，如点头、手势、身体的位移等。肢体语言以其形象感强的特点得到我们教师的广泛青睐，成为课堂教学中不可或缺的重要的交际工具。比如用微笑表示友好，用触摸传递温暖，用眼神交流情感，用掌声鼓励自信等等。

教师在课堂上的一举一动，一招一式，一颦一笑，都在向学生传递信息，因此，教师在课堂教学中必须讲究姿势语言的艺术。教师要正确使用眼语，眼神是一种丰富的无声语言，在教学过程中，有时一个恰当的眼神可胜过几多苦口婆心的长谈，收到"无声胜有声"的效果。教师的脸孔，是放大了的晴雨表，是情绪变化的特征，教师要做到端庄中有微笑，严肃中有柔和，切忌由于各种原因所致的不愉快形之于色，例如生气、厌烦等。手是会说话的工具，教师应充分发挥手势的表达功能，做到自然、舒展，节制活动的频率。教师的躯体动作，应当稳重大方，轻松自如，一举一动，都要给学生以美的享受。

体态语言在教学工作中的作用是至关重要的，所以教师要认真研究和运用体态语言，把教学工作提高到一个新水平。

经典案例 1

优秀教师周巧琼就非常善于运用肢体语言来表情达意，提高课堂效

率，营造良好的课堂氛围，很值得我们学习。

在开学的第一天，周巧琼站在讲台上，发出指令："Standup"，并辅以自身的动作示范，再要求学生们跟着重复同样的动作，五分钟内，学生们就可以自如地对 Standup 和 Sitdown 这样的指令做出完全正确的反应。与此同时，周巧琼也建立了孩子初学英语的信心。

再如，在教学"Pardon"这个单词时，周巧琼特意点最后排的学生与他对话，并故意皱着眉，把手绕成喇叭形状放在耳边装作听不到他的话，说"Pardon?"

那位学生虽然没听懂周巧琼在说什么，看到他的表情也会重复一遍他说过的话，即使遇到那位学生一时没有反应过来，其他反应快的学生也会在下面不断地催促：

"再说一遍。"

周巧琼趁热打铁教了"Pardon"，学生们也很快就学会了"Pardon"的用法。

在课堂上，周巧琼很会赞美学生，除了口头评价外，同时还运用了肢体语言评价学生。如学生回答问题准确到位或学生读书读得很好时，她会走下讲台，不吝啬地伸出热情的双手和学生握手、拥抱，让孩子们感受到自信的力量和成功的喜悦。

于是，他们更加积极地回答问题，形成了良好的课堂氛围。

周巧琼善于照顾班上基础比较差的学生，她认为对成绩不好的学生，更要常面带微笑，用爱给他们织成一片成长的天空，以便学生以更好的表现感谢老师。

周老师的肢体语言运用丰富、得体，口语表达清晰，又很幽默，师生互动非常好，上起课来非常有默契。用学生们自己的话来说，就是："在周老师的课上，几乎每个同学都很专心地听他讲课，没有人会想到睡觉。真的，我们想到的只是紧跟着周巧琼老师上课！"

案例分析

周老师在教学中充分运用肢体语言来表达他对学生的赏识，这对提高英语课堂教学无疑大有帮助。它不但可以帮助学生了解上课的内容，让学生巩固记忆，还可以活跃课堂气氛，引起学生兴趣，使学生很愿意跟着他学习新的内容，从而提高了教学的成效。

经典案例 2

从上学开始，老师的肢体语言便伴随着我们，向我们传达着各种各样的信息。尤其是老师的眼神，一直伴着我成长，使我从一个懵懂无知的少年成为一个品学兼优的学生；使我从脆弱变得坚强；使我从散漫变得勤奋；使我从骄傲自满变得谦虚谨慎。

记得读小学三年级的时候，一次上语文课，老师提了个问题让同学们回答，很多同学都举手回答，而我不敢举手，生怕被老师叫到，老师用眼睛在教室里扫视了一遍后，最后把目光停在我的身上，她叫我站起来回答，当时的我面红耳赤，把头埋到了衣领里，说话声音小得几乎无法让人听见。于是，老师鼓励我，叫我不要害怕，勇敢回答，对与错不要紧。我怯怯地抬起头，目光与老师的眼神撞个正着，老师的眼神里充满鼓励，我大胆地回答了老师的问题，而且非常正确，教室里顿时响起了热烈的掌声，再看看老师的眼睛，好像在说："回答问题，没什么大不了的。"从此，我回答问题都非常勇敢、积极，从此，我也就爱上了语文，而且语文成绩越来越好，在班上名列前茅。

还有一次，在练习课上，老师出了几道题在黑板上，其中有一道题非常难，全班只有我做出来了，我有点得意洋洋，这时老师向我传来赞扬和鞭策的目光，我从老师的眼神中明白了不能骄傲自满，从此我开始变得谦虚，而我也越来越注意老师的眼睛了。

我从老师的眼神中读懂了很多：我胆怯时的鼓励；我做错事后的批评与教育；我做好事后的表扬；我为班级争得荣誉时的欣慰；我取得成绩时的赞许与鞭策等等。

如今，我也成了一名伟大的人民教师，我也时刻注意用自己的眼睛向学生传递各种各样的信息，有赞许、表扬、鼓励、批评、鞭策、支持

……，也真正体会到了什么叫"此时无声胜有声"。

案例分析

老师成功地运用了肢体语言向学生传递信息，当学生因为心理因素而不敢回答问题时，他并不是简单地把学生叫起来，而是通过言语鼓励学生，帮助学生克服心理上的障碍，缓解了课堂上的尴尬气氛，接着用独特的眼神来表达他的鼓励，充分体现了这位教师巧妙的教学方式。

语言是表达情感的工具，肢体语言也是如此。往往教师不经意的一个手势、一束目光、一种表情都会影响学生，给学生的心灵带来一定的变化。因此，我们教师要注重细节，恰当地运用肢体语言，让肢体语言在整个教学活动中彰显无穷的魅力、发挥该有的作用。

4. 幽默为课堂增添色彩

法国有谚语说：没有幽默的地方，生活无法忍受。足可窥见幽默的重要意义，课堂生活当然也不例外。每个人一生的学习过程中会遇到许多老师，一个具有幽默感的教师往往会是受学生欢迎的教师，会在我们的记忆中留下很深的印象。幽默本身就是一种艺术，是美感的外在表现，也是道德感的自然流露，理智感的具体反映，教师人格美的示范。

教师的幽默会拉近师生的距离，解除尴尬的气氛，课堂中的幽默则能吸引学生的注意力，令学生对所学知识加深记忆，更好地进行情感交流。教师的幽默能使学生受到耳濡目染的熏陶和感染，使学生形成幽默品质，养成乐观豁达的气度和积极进取的精神，调动学生学习的兴趣和积极性；幽默可以抚慰学生心灵的"创伤"，可使学生智慧的火花重新燃烧起来。

苏霍姆林斯基说："教师的语言素养在极大程度上决定着学生在课堂上脑力劳动的效率。"教师的语言不仅要讲究科学性、规范性、还要讲究艺术胜。语文教师是更直接地同语言打交道的，因此，对其语言的要求也应严格。语文教师的语言要在准确鲜明、简洁明了的基础上力求做到风趣幽默。在课堂教学中如能运用得当，便会使教学语言具有针对性、情趣性、启发性和指导性，从而收到更好的教学效果。

经典案例

著名特级教师于永正老师在教授最大的特色就是幽默。在他的课堂上笑声不断，氛围和谐。

他在讲《我爱故乡的杨梅》时，请一个学生朗读，这个学生非常认真，读得声情并茂，"细雨如丝，一颗颗杨梅贪婪地吮吸着春天的甘露……端午节过后，杨梅树上挂满了果实。杨梅的形状、颜色和滋味，都非常惹人喜爱……没熟透的杨梅又酸又甜，熟透了就甜津津的，叫人越吃越爱吃…"

学生读完，于老师扫视一遍教室，一本正经地说："小建同学最投入，因为他在边看边听小荣朗读的过程中，使劲咽了两次口水。"学生们先是一愣，很快便回过味来，全都哈哈地笑了起来。于老师继续说到："课文中描写的事物，肯定在他的脑海里变成了一幅幅生动鲜明的画面。我相信，他仿佛看到了那红得几乎发黑的杨梅，仿佛看到了作者大吃又酸又甜的杨梅果的情景，仿佛看到了杨梅果正摇摇摆摆地朝他走来，于是才不由自主地流出了'哈拉子'……"听到这里，学生笑得更响亮了。

待学生笑过，于老师郑重其事地说："如果读文章能像小建这样，在脑子里'过电影'，把文字还原成画面，那就不仅证明你读进去了，而且证明你读懂了。老实说，我刚才都差点淌口水了，只不过没让大家发现罢了。"学生再一次哄堂大笑。

就这样，于老师通过幽默风趣的语言，把抽象的文字变成形象的画面，让同学们轻松愉快地就理解并记住了。

于老师的幽默，不仅体现在课堂教学中，还体现在批评教育学生的过程中。

有一次，小队长崔广徐收作业，可是他的队员李朝军、张安军、赵从军都没有带作业。见此情况，崔广徐很生气，于是向于老师"告状"。

看着崔广徐非常生气而其他三个人却若无其事的样子，于老师顿时明白了：看来这几个调皮鬼平时不怎么听崔广徐的话啊，得想个办法帮助崔广徐。

有一天，恰好崔广徐穿了一件崭新的蓝色毛衣，肩部设计得很标致，有个小小的开口儿，还钉了四个黄色的金属扣。于是，于老师说："现在广徐了不起了啊，成太尉了！"这句话说得四个学生一头雾水，迷惑不解地看了看于老师。

"不信？你们看他的衣服。一道杠、四颗星，难道不是广徐晋升为太尉，是'太尉司令'了？所以啊，从现在起，你们'三军'更得听他的了（平时，于老师称呼李朝军、张安军和赵从军三人为'三军'）。

'三军'中最调皮的李朝军问："那我们是什么啊？他都当太尉了，我们还是兵吗？"

"那当然喽！你们不但是兵，而且还是列兵。"

"不！我们才不要当劣兵呢，我们要当好兵！"

"呵呵，我说的'列兵'是'列'，'排列'的'列'，而不是'恶劣'的'劣'。"说着，于老师随手把'列'写在了黑板上。

"当然，也可以晋升。不过，需要看你们的表现。如果你们进步了，就可以晋升为上等兵、下士、中士、上式。呵呵，你不知道吧，仅'兵'就有五个等级呢。所以啊，你们一定得好好干！"

崔广徐一听，立刻就一本正经地下了命令："你们回家拿作业。如果没有做完，中午一定记得补上，否则可要军法处置了。"

"三军"一听，乖乖地走了，并且在中午时完成了所有没完成的作业。

就这样，一句幽默的玩笑话，不但改变了"三军"，让他们变得服从命令、服从管理，，而且还帮崔广徐在同学面前树立了威信，解决了工作中存在的问题。

案例分析

教师的幽默富有感染性和迁移性，有利于沟通师生之间的情感，建立良好的师生关系。教师通过幽默的语言、表情、动作等，拓宽了自己的思维宽度，以自身的"范例"倡导平等、民主的师生关系；学生通过教师的

幽默，消除了对教师的敬畏心理，缩短了师生间的心理距离。由此，使学生认识到教师丰富多彩的个性特征和内心世界，觉得教师不只有可敬畏的一面，而且还有风趣可亲的一面。幽默可使师生关系不断改善，彼此通过反馈来的信息调整双方的关系，形成人格平等、作风民主、感情融洽及互助合作的师生关系。

　　幽默是教师个性的展现，是教学过程中哲理和情趣的统一。走进名教师们的课堂，我们常常能听到学生情不自禁地开怀大笑。教师用幽默营造了一种轻松愉悦的课堂氛围，让学生的精神获得自由，智慧在高峰体验中绽放绚丽的花朵。

　　案例中于永正老师的幽默带有强烈的喜剧色彩，他用口头语言来营造诙谐有趣的情景，让孩子在快乐中学习。而钱梦龙老师的幽默的开场白和于漪老师的以今说古幽默话语无不让学生在轻松愉悦中获得精神上的享受，使教与学均变得轻松而有效，从而激发学生学习的热情和信心。

　　总之，幽默是教学的利器，可以使学生在笑声中轻松愉快地获得新知，可以使枯燥乏味的课堂变得和谐而又充满活力。

5．正确处理突发事件

课堂突发事件是指教师未曾预料的诸如违反纪律或教学交流中出现的障碍等问题。突发事件有时是一定的课堂情境引发的，有时是学生某种心理动机暴露而导致的。不管哪种突发事件，或多或少都会对课堂教学产生一定影响，而且往往是负面影响。正因如此，教师应强调对课堂突发事件的调控，在最短时间里迅速作出决策并妥当处理，把负面影响降到最小，甚至化"险"为夷。

有教师以小学数学课堂教学为例总结了一些课堂应变技巧，值得参考：

1．停顿法

小学生年龄小，注意力保持不长久，上课时往往听课不专心，思想开小差，影响学习。遇到这种情况，如果教师批评学生，会影响课堂教学按预定计划进行，还容易挫伤学生的学习积极性。这时，教师可以突然停止片刻，把学生的注意力吸引到教师这边来，然后继续上课。

2．暗示法

上课时，个别学生精神溜号，或玩小东西，教师可以在讲课的同时，用眼神、手势等暗示学生，使他们集中精力学习。

3．提醒法

有的学生上课时看课外书或玩小物件入了迷，教师用停顿法或暗示法不奏效时，可以边讲课边走到该生身边，亲切地摸摸他的头，或用手轻轻

地敲击一下他的书或课桌，使其把精力转移到学习上来。

4. 表扬法

学生多了，课堂表现总会不一样，有专心上课的，有精神溜号的。教师可以根据学生的具体情况，适当地表扬遵守课堂纪律、专心致志学习的学生，号召大家向他们学习，使学生的精力集中起来。

5. 提问法

临时让不注意听讲的同学回答教师提出的较难问题，他回答不上来，以此来点醒他，使他自觉地纠正错误、专心学习。

6. 休整法

低年级课堂教学中，如果大部分学生精神疲劳，可以进行课间休整，可让学生闭目养神三两分钟，或做做课间操，或唱一支歌，或做做小游戏，使学生紧张的神经松弛一下。经过休整，学生可以恢复精力，提高学习效率。

7. 转移法

低年级学生课中疲劳时，精神不易集中。可以让他们做些相关的别的事情，如背诵有关歌谣等，转移一下注意力，缓解精神疲劳，然后再继续上课，可以收到较好的教学效果。

8. 分身法

有时上课出现突发事件，如同桌或前后桌学生吵架，影响课堂秩序。如果遇到这种情况，教师集中批评学生，就会影响全班学生学习。为了使教学既能正常进行，又能脱身处理偶发事件，可以采用分身法：布置一两道紧密配合本节教学的思考题让学生思考，或者布置几道作业题让学生做。这样，教师既能完成课堂教学任务，又能处理偶发事件，不至于顾此失彼。

9. 幽默法

幽默法就是用幽默的语言提示学生，应该专心学习，不能精神溜号。例如一位教师正在上课，突然有一只喜鹊在窗外叽叽喳喳地叫，当时，许多小朋友的目光被喜鹊吸引，影响了上课。这位教师不仅没有训斥学生，反而幽默地说：刚才大家上课很认真，把喜鹊都感动了，它高兴地说：

优秀教师课堂氛围营造的艺术

"多好的小朋友啊，上课真专心啊！"经老师这么一说，学生们意识到刚才精神溜号不对，很快地集中精力学习。

10．嫁接法

嫁接法就是把与课堂教学无关的偶发事件，引导到课堂教学上来，犹如植物栽培的嫁接。如，一位教师正在讲课，一只燕子飞进教室，绕了一圈又从进来的那个窗户飞出去了。燕子闯进教室，分散了同学们的注意。这时，教师没有批评学生，而是提出了一个问题：谁能说说刚才燕子飞行的路线像我们学过的哪个数字？同学们立刻回答说像6，学生的注意力很快地被引导到学习上来。

11．复查法

在教学过程中，由于某种原因产生错误而没有察觉，或者似有察觉而拿不定主意时，可以采用复查法。教师对自己的教学过程做一下回顾，检查检查在什么地方出了毛病，然后采取相应的补救措施。

12．共探法

课堂教学时，教者出现差错是难免的。出现这种情况，可以请同学们帮助查找错误。例如有一位教师利用发现法教《圆的面积》，让学生拼摆事先准备好的学具。有的学生把圆拼成了长方形，有的学生把圆拼成了梯形、三角形。无论拼成长方形、平行四边形，还是拼成梯形，都顺利地推导出圆的面积公式：$S = \pi r^2$。但是，由三角形推导圆面积公式时出现了误差，竟推导出：$S = 2\pi r^2$。教师意识到讲错了，可是复查推导过程，未能查出。教师不仅没有发慌，反而灵机一动，若无其事地笑着对学生说：现在我要考考同学们的注意力，看谁能发现老师推导的错误。全班学生思考着、检查着，纷纷地举起了手，把错误很快更正过来。发动学生共同探讨和更正错误，调动了学生学习的积极性，也为教师赢得了宝贵时间。

13．悬挂法

课堂教学时，学生往往提出一些教师意想不到的问题，使教师一时不知如何回答；或者教师回答了，因为缺乏仔细思考，语言表达得不恰当，学生接受困难，影响教学任务的完成。遇到这种情况，为了不影响课堂教学继续进行，可以把问题挂起来，让学生课后去寻找答案。以便学生能继

续安心学习，防止他们分散注意力，使用悬挂法，课后要查找有关资料，尽快给学生以正确的答复。

14. 煞车法

课堂教学过程中，学生对某个问题感兴趣，纷纷举手要求发言回答，如果让他们一一回答下去，就会影响本节课教学任务的完成。遇到这种情况，教师要当机立断，及时煞车，以防止课堂教学前松后紧或完不成任务。煞车时，要注意保持学生的积极性。

15. 议论法

当教师讲到学生感兴趣的问题时，学生们往往自发地在下面议论纷纷，如果立即制止这种现象，就会挫伤学生的积极性。遇到这种情况，可以让学生们由议论，然后选代表发言。这样做，使全体学生的意见都能表达出来，能够调动他们的积极性，也能防止冲击原定课堂结构。

有时由于各种原因，上课时打乱了原计划的课堂结构，例如忘记了板书课题，教授后忘记小结等。遇到这种情况，如果从头再来，时间不允许；如果立即补入某一环节，与教学进程不吻合。这时，可以适当地调整原计划的课堂教学结构。例如，一位教师讲的是工程问题，当进行到课堂作业时，他边指导学生做作业边回顾课堂教学，发现还没有板书课题。他没有惊慌失措，而是不动声色地继续往下进行。当课堂总结时，强调了本节课的教学内容，根据同学们的发言，写上了课题。这样，板书课题由原来的开篇点题调整为结尾点，既点出了课堂教学的重点，又使课堂教学环节完整无缺，效果并不比原计划差。

课堂应变的方法很多，教师要根据课堂教学的具体情况，采用相应的应变方法，才能收到好的教学效果。

经典案例 1

丽刚上初一时，品学兼优，关心集体，团结同学，被选为副班长。但到初二以后，成绩急转直下，上课说话，工作拖拖拉拉，很多同学都对她有意见。经过多次班委会讨论，丽被罢免了，变成了"平民百姓"。到初三时，丽竟发展到天天变着花样请病假，经常不完成作业，上课说话、传纸条，更让我气愤的是，有一次她竟然在语文课上看起了有不健康内容的卡通书（这是学校绝对禁止学生看的书，一经发现必做处理）。

我一向把班级的课堂纪律看得很重要，而且我经常在其它课上站在班级的后窗窥探班里的纪律情况。一旦发现哪个学生有"不轨行为"必严惩不贷，学生最怕我的这一招。所以，在其它课上，即使有人想做坏事，也要忐忑不安地不断偷看后窗是否有我的监视。因此，我班的课堂纪律一直被评为全年级最优。这一次，我恰好把在语文课上偷看卡通书的丽抓了个正着。最近丽的行为已令我非常不满，我正要找她问罪，没想到她竟然撞到了我的"枪口"上。我想，这次非让她好好反省反省不可。

为了"捉赃"，我在征得语文老师的同意后，直接提取了丽的"罪证"——娜正看着的卡通书。

我拿回书来一看，这竟然是丽花钱租的书。我听班上其他同学说，丽的家庭很困难，一家四口全靠她父亲一个人做苦力维持生计。她连交学杂费都有困难，我常常为她垫付。这样的家庭情况，她竟然花钱借学校禁止的书看！再想想她的种种表现，我越想越气，好好教训她的想法更坚定了。

我知道这是丽借的书，她一定会为这本书而着急。所以，我按兵不动就等她来找我。过了三天，她还没有来，我有些沉不住气了。在一次活动课上，我把她叫了出来。我平静地对她说："每个人都要对自己的所作所为负责，既然你违反了班级和学校的制度，那就一定要受到惩罚，你要为此承担责任。我打算按学校的规章制度办事，给你记过一次，如果到毕业时，你表现好就可以去掉处分，如果表现不好，保留处分。这本书我将交给你的母亲，由她和我一起去还给你租借的书店。而且，对你的处分我将在班会上公布。"我说完后，她什么也没说，没有请求我的原谅和为自己做任何辩解。为了杀一儆百，我按自己说的做了。

没想到，接下来，让我悔恨一生的事发生了。

处理完丽的事，正赶上十一放假。十一休假过后的第一天，我已淡忘了丽的事。这天早晨丽没来上课，她的父亲专门来给她请了病假，因为她总请

病假，我也没太上心。到了下午，我正在批改作业，突然有两个女生跑来对我说，"老师，丽可能喝药了。她十一和我们说她不想活了，她要喝药。我们当时以为她在开玩笑，她现在没来，很可能是真的啊！"那一刻，我的脑中一片空白，半天才清醒过来。我急忙拨通了丽父亲的电话，告诉他丽可能喝药的事，问他丽的情况。丽的父亲说她一直在睡觉，家人叫也不起，只说头痛。我急坏了，让丽的父亲速将她送往医院，我随后就到。

我和那两个学生打车来到医院，看到了正在输液观察的丽，我的眼泪禁不住流了来……而她的父母看到我，并没有责备，而是安慰我。他们说，丽现在脱离危险了，输点液就没事了。原来丽昨晚留下一封谴责我和她父母的遗书后，就喝下了一瓶安定，想与我们永远说再见。由于喝了假药，她的生命才保住了。我心里的一块石头终于落了地，那一刻我是多么感谢那些做假药、卖假药的人啊！我紧紧握着丽的手，向她诚挚地道了歉。看到她痛苦的样子，我心如刀割，我想这一切都是我工作的失误造成的，我一定要好好反省自己。这一刻，我将永生不忘！

案例分析

至今还记得丽的那封遗书上的几句话，"你是一个不称职的教师，你高高在上、自以为是，你认为你自己是最好的……，我把她的话珍藏至今，它鞭策我要时时反省自己。很多教师和我一样总把自己驾驭在学生之上，把吓住管住学生看成是自己的教育能力，却忘记了人与人之间的平等性。在教育中，教师和学生也应该是平等的。高高在上的教育方式，只能导致众叛亲离，拒学生于千里之外，无法让学生正确理解你的教育意图，从而形成了师生间的对立。学生是一个个鲜活的生命体，有充沛的情感，更渴望得到老师的尊重。因此，作为一名教师，我们应该懂得如何处理突发事件，既要大事化小，小事化了，又要让学生感到老师的关心和爱护。

经典案例2

这是好几年前发生的事情了。

优秀教师课堂氛围营造的艺术

有一天，我正在上课，而且讲得很起劲，同学们也听得很入神。就在这时，我发现一个女同学正在看小说，于是我气不打一处来，心想，你学习成绩不好，还要看小说，真不像话！于是我边讲课，边悄悄地走向她的座位。当走到她旁边时，我以"迅雷不及掩耳"的速度伸出手，把她的小说收了过来。

正当我准备批评她时，一件意想不到的事情发生了。那位女同学站起身来，急速地走上讲台，将我放在讲台上的课本和备课笔记全部拿了去。这个班上有名的"女孽头"，站在讲台旁手拿我的备课笔记与课本，瞪大眼睛看着我。我站在她的座位旁，顿时觉得呼吸急促，两手发麻，头上冒汗，与她怒目相视，双方剑拔弩张。教室里寂静无声，气氛异常紧张，大家等待着事态的进一步发展。

我心里想，这次明显是她不对，应该趁机好好吓唬她一下，先把她的书包从窗口丢出去，然后走上讲台把她推出教室，杀杀这股邪气。但刹那间，我猛然想到，假如她不肯出教室，甚至大吵大闹怎么办，不是越闹越糟吗？不但课上不下去，还很可能将事情闹得无法收场。在师生双方头脑发热的时候，绝不能蛮干，先要保证把课上下去。我边这样想着，便压住火气，小声对她说："好吧，你不要再看小说了，好好听课。"说完将小说书放回到她的课桌上，那位女同学见此情景，也把我的课本与备课笔记放回讲台上，回到了座位上。于是我润了润喉咙，继续上课了。这堂课的教学计划总算按时完成了。

下课以后，我反复考虑，这件事一定要谨慎处理，否则，以后班务工作难以开展。

于是，我决定对这件事"冷处理"。

连续两个星期我没有找这位同学谈话，而是先在班干部会议上把我当时的想法告诉大家，说明我这样做是为了顾全大局，不影响大家听课。在班会上还有意识地讲到，凡事要顾全大局，加强集体主义观念。同时也谈到对待思想上的问题，不能采取简单、粗暴的方法来解决等等。这样的谈话，先后进行4次，班里同学的认识渐趋一致了。这时，我仍然没有找这位同学谈话。但我注意到她在班干部、同学们的议论中，慢慢地态度有了

变化，班内的活动也能比较认真地参加。我仍然耐心等待着有利的教育时机的到来。

一天外语课上，当我讲到某个语法时，请同学们举例说明。当时已经有两位女同学讲了自己的例句，我环顾一下全班同学，发现这位女同学也在认真地听讲，从她的神态中可以看出，她也能正确回答这个问题。时机到来了，我随即对她微笑地点了一下头，说：''你能不能举一个例句来说明？"她站了起来很认真地讲了自己所举的例句。我面带微笑. 肯定了她举的例句很贴切，并表扬了她能简单地说明这个语法的特点。

下午课外活动时，我叫另一位女同学请她到我办公室来。她来了，我先请她坐下，接着我先讲了她最近学习认真，成绩已有上升，各项活动能认真地参与，我心里很高兴。讲着讲着，她的脸上露出笑容，随即我把话题一转，讲了两周前的事，并且把我当时的想法告诉了她，她听着听着，忽然眼睛湿润了，她含着眼泪对我说："老师，那次是我不好，同学们都说我不应该拿你的备课笔记和课本……"我接着安慰她说："老师不会计较这些的，现在你认识到了，就好了。我是担心你这样任性，将来走上工作岗位，恐怕很难和同事们友好相处。以后对任何事情都不能太任性了，要注意做一个有修养的人。"通过这种师生交流，我们之间的隔阂消除了，第二天早读时，她看见我就亲切地喊了一声："老师早！"

我心中感到无比的欣慰和高兴。

案例分析

这位老师处理突发事件，做得非常好。首先，他做到了沉着冷静，这是处理突发事件的首要条件。如果他怒火冲天，大发雷霆，失去理智，就不能作出冷静的思考和选择，也不可能采取最佳的处理措施，后果往往是"不堪设想"的。其次，机智果断。这是防止事态向不可逆转方向发展的必然要求。这位老师面对毫无准备的"挑战"，没有蛮干，而是强压怒火，用简短的话语结束了冲突，平息了争端，表现出了应有的机智和果断。最后，是教育引导。处理突发事件不只是为了教训学生，还要本着教育学生、促进学生身心健康发展的精神对待问题。注重师生交流，消除隔阂，促使学生身心健康发展。

6. 要有一颗平常心

心态是指对事物发展的反应和理解表现出不同的思想状态和观点。世间万事万物，可用两种观念去看它，一个是正的，积极的；另一个是负的，消极的。这就象钱币，一正一反；该怎么看，这一正一反，就是心态，它完全决定于一个人自己的想法。

毫无疑问，积极的心态可使人快乐、进取、有朝气、有精神，消极的心态则使人沮丧、难过、没有主动性。

人的最高境界是抱一个平常心，无所谓的心态。如果您是教师，在教学中会遇到一些意想不到的事情发生，在这时，最重要的就是要冷静，也就是说要保持良好的心态，以平和的心态来面对学生的错误。在学习过程中，学生因为个体的差异，所犯的错误也是各种各样的，教师面对这些错误时，如果心态过急，难免会采取简单粗暴的方式解决问题，这在一定程度上不可避免地要伤害学生的学习创造性，如果教师能以一种平和的心态，冷静地分析一下学生出错的原因，帮助学生找到出错的根源，教师就不难找出最佳的解决方法。所以，教师保持平和的心态是正确对待学生犯错误，帮助学生有效改正所犯错误的关键所在。

古人说："每临大事必有静气，此乃大丈夫。"教育无小事，教育中的所有看似很小的事情，对于学生来说，恐怕就不是小事了，此所谓换位思考。往往出现一些教育事故的时候，老师总是首先按照自己的想法或者是经历来处理，但是，由于学生的个体差异和学生的变化以及社会的发展的影响，我们的这些处理往往不是最完美的。

如果教师不管遇到什么事情，都坚持保持平和的心态，把问题的处理和解决留到其他合适的时间，这样，问题就会解决得很顺利、很和谐。

经典案例

于永正老师说："爱学生就要爱在他们碰到困难遇到挫折的时候，爱在他们需要帮助的时候。一句话，爱在他们需要爱的时候。"

1996 年 12 月底．应邀到丹阳师范附小上观摩课的于老师，请一位女同学读课文，或许是由于紧张，或许是句子太长，女同学在读"一个划破玻璃企图盗窃展品的罪犯被抓住了"这句话时，把句子读破了，一连读了七遍，都没读正确。

女同学急了，失去了信心，想坐下，于老师抚摸着她的肩说："你放松放松，然后一字一字地默念一遍，第八次准行。"

女同学第八次终于成功，于老师和全班同学一起为她鼓掌，掌声差一点把她的泪水激出来。

课即将结束时，女同学当着几百名听课老师的面，眼含泪水对于老师说："我觉得您像我的爸爸、妈妈，欢迎您再来我们班上课。"

案例分析

于永正老师在观摩课上，那位女同学七遍都把句子读破了。她自己失去了信心，这时候，于老师心平气和地鼓励她，使他最终获得了成功。这无疑得益于于老师仍然保持了一种平和的心态。

于老师这样做，首先是一种关爱，安抚了女学生急躁的心情；其次是一种肯定，鼓励了她即将失去的信心；最后是一种动力，推动了她第八次的成功。这正如他自所说的"爱学生就要爱在他们碰到困难遇到挫折的时候，爱在他们需要帮助的时候，一句话，爱在他们需要爱的时候。"

由此可知，教师保持平和的心态是正确对待学生犯错误，帮助学生有

效改正所犯错误的关键所在。

此外，教师保持平和的心态，有利于学生展开积极有效的思维活动，有利于教师在处理突发事件时做到换位思考，有利于帮助学生有效地改正所犯的错误，有利于提高教学质量，使课堂始终处于一种轻松和谐的氛围中。

7．尽量多给学生发言的机会

　　我国传统的教学一直是教师演独角戏，学生成为被动的接受体。殊不知，学生是学习的主人、是学习的主体，教师是组织者、引导者、合作者。所以我们的教学应多创造一些让学生展现自我个性，展现自己思维过程的发言的机会。

　　作为教师应具备这样一种教学民主意识，即不管学生的学习成绩如何，学习状态如何，都应让他在一节课上至少发言一次或更多。作为课堂教学的组织者，我们可以多方面、多角度、多层次地创设问题，通过问题把学生引进学习的殿堂。

　　在课堂上尽量多给学生机会，让学生开口说，多提问题，特别是平时不敢发言的以及中下生，多鼓励他们。大家都能积极发言，积极交流了之后，我们可以提倡学习成绩好的把发言的机会让给学习成绩一般的同学、经常发言的同学让给较少发言的同学、男生让着女生、坐在前排的同学让着后排的同学。当然，这不意味着谦让而不竞争，相反，恰恰符合学生全体参与、合作交流、竞争有序的新理念。

经典案例

　　前两天，我上的校内公开课课题《找规律》，这是本册的一个教学难点，特别是对于每组有 2 个以上图形的题目，学生更不容易发现其规律。

因此，我下载了生动有趣的多媒体课件，引起学生的兴趣。在课堂上，让学生充分观察、交流、讨论，发现每组包含 2 个图形的题目的排列规律，还以游戏的形式揭示规律，为后面发现每组包含 3 个图形的题目作好充分的铺垫。

果然不出所料，当出现每组包含 3 个图形的题目时．有的学生就觉得茫然了，我提问了 2 个学困生，都说不出所以然来，这时．我见到李龙（平时接受能力比较差，考试不及格）把小手举得高高的，脸蛋涨得通红，一付急不可待的样子，我想，这个李云，连 20 以内的加、减计算这样的基础知识都掌握不好，对找规律这样难的问题能有啥指望？可是，见到他急切的样子，也让我难以拒绝，就给他一次机会吧，让他知难而退。没想到，李龙竟然说出了图形的规律，并很有把握地说出了一个图形是什么，真的是大大出乎我的意料，也出乎全班同学的意料，真是人不可貌相！我又让李龙找出另一个题目的规律，他还是毫不犹豫地说出了正确答案。我为自己原来"瞎猫碰上死老鼠"的想法感到深深的懊悔，还好，我把发言的机会给了李龙，没有打击他的信心。在李龙的带领下，同学们踊跃发言，课堂的气氛推向一个又一个高潮，取得了良好的效果。

案例分析

多给学生发言的机会，特别是多给学困生发言的机会，是教师关爱学生、相信学生的一种体现，也是调动学生学习积极性的有效方法。

案例中教师能放弃成见，尽量创造机会给学困生发言，特别是让李龙同学发言时起到了意想不到的效果。李龙竟然说出了图形的规律，在接下去的老师提问中他毫不犹豫地说出了正确答案，为一直沉闷的课堂带来生机和活力，并充分调动了其他同学学习的积极性，从而使得这节公开课上得非常成功。

每个学生都有老师所意想不到的能力，老师在教学中要充分相信每一位学生，把发言的机会平等地毫无偏见地分给每一位学生，从而增强学生，特别是学困生的自信心，从而调动学生学习的积极性，使课堂、教

优秀教师课堂氛围营造的艺术

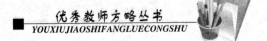

师、学生三者有机地融为一体。作为一个老师，千万不能轻易对学生下定论，要把发言的机会给每一个学生，充分信任每一个学生。

8. 让学生在课堂上有"问题"

当前，在课堂教学中，许多教师采用提问作为让学生思考、回答问题的办法，这虽是一种启发学生思考问题、发展学生思维的方法，但它存在着一很大的不足，就是忽视了学生的主观能动性，把学生当作知识获得过程中的被动者，让学生按照教师的思维过程进行学习，显然，这是不利于学生创新意识的培养，不利于学生的主观能动性的发挥。

因此，课堂教学重要的是保护和培养学生的"问题意识"，让学生学会勤思善问。学生如果有问题意识，就会产生解决问题的需要和强烈的内驱力，他们的思维就会为解决某一具体的局部的实际问题而启动，不同层次水平的学生就会采用查找资料、请教师长等手段，在有意或无意之中大大扩充了知识量。学生的问题来自于学生亲历的事物中，来自于学习过程中，来自于生活实践中。各学科教材中的许多学内容与学生的学习、生活很接近，很多知识及其现象都常在生活中见到，只是学生没有注意，没有观察，没有思考，没有联想，没有探究，也就是没有问题意识，"熟视无睹"，到头来没有从中发现问题，最终不能提出问题。

所以，在课堂教学中，教师应当结合教材、学习和生活实际，选择适当的办法，培养学生的问题意识，让学生敢于提问、乐于提问、善于提问，真正有效地提高学生的科学素质，营造和谐、愉悦的课堂氛围。

优秀教师课堂氛围营造的艺术

经典案例 1

这是一节平面图形面积复习课，复习开始了，老师让学生提问题。一个学生发言："什么时候能算出圆的准确面积？"王老师一愣，这个问题老师从来没有想过呀。王老师问："你怎么会想到这个问题，是根据圆的面积公式推导的吗"学生说："我们在求圆面积的时候，圆周率取的是 3.14，而圆周率只是约等于 314，所以我就提出了这个问题。"王老师问学生："同学们，谁能解答这个问题？"同学们都愣住了。

尽管这个问题当时没有解决，但学生的问题意识让王老师感到欣慰。后来，王老师请教了几位数学研究人员，将答案告诉了同学们："圆周率是个无理数，无理数是不能进行有理数计算的，当你取了一个值来运算的时候，就不再是那个无理数了。也正因为如此，现在，人类还没有能力真正算出圆的准确面积，我们期待着将来有哪位同学解决这个问题。"

一次王老师讲完平均数，上了一节拓展课。他在黑板上写下一道题：小玲的爸爸因公出差，5 天没回家，回家后一次撕下这 5 天的日历，这 5 天的日期数相加的和是 90，小玲爸爸回家那天是几号？同学们都在认真地思考，突然，一个学生问："那个 5 天如果正好是月底和月初的 5 天，会是什么样呢？"话音刚落，王老师激动地说："非常感谢这位同学提出一个老师忽略了的问题，如果正好是月底和月初的 5 天，那这个问题还能解答吗？请同学们思考。"这时候，老师进行点拨，指出问题的关键所在，既然是自然数，那能不能转化为连续的自然数呢？于是，王老师在黑板上写下 28、29、30、1、2、，把 1、2 分别加上 30，变成 31、32 这样，就把本来不可以解决的问题成功地解答出来。

案例分析

给学生一片自主的天空，让他们充分展现自己，这是王老师上课的魅力所在，也是学生共同的心声，更是老师应该关注的细节。

当前，教师的角色发生了很大的改变，教师不再是无所不知的知识传授者，而是引导者、促进者。

在王老师的这个案例中里，他大胆地放手，凡是学生能说的、能做的、能自己学会的，教师都给学生充分的时间、空间，不再包办代替。从而让学生在一种真实、蔓杂、具有挑战性的、开放的课堂环境中学习。其实，"放开"说起来很轻松，做起来却很难。因为"放开"不仅仅是一种形式，更重要的是一种观念。

听王老师的课，让我们明白了一个浅显而又深刻的道理：学生有了问题不是问题，关键是教师怎样对待问题，如何解决问题。只有把问题的解决作为学生成长进步的阶梯，才能创造出良好的课堂。

经典案例 2

洪老师教授《匆匆》一课时，特别注意引导学生在读中体味语言的美，在读中品味字里行间流露的感情的同时，感悟到"我们的日子为什么一去不复返呢？"以此引起学生们和作者的共鸣。他们正沉浸于那无奈、惋惜、留恋时，洪老师巧妙地把话锋一转："是啊，时间匆匆而逝，此时此刻，如果你是朗诵家，如果你是画家．如果你是诗人，如果你是教育家，如果你是书法家，你想说些、做些什么呢？"洪老师这一创造性的诱导，把这一节课推向高潮。学生们在分组讨论合作活动中，全班学生人人参与，热情高涨，在动手、思维过程中探究、创新，这种教学不受常规束缚，不受已有知识限制、干扰，从不同角度进行思考，让学生的思维迸发出创造的火花。

你听："朗诵家"不管是个人朗读还是小组合；不管是引读或是分角色朗读，还是齐读，他们个个绘声绘色、声情并茂。"诗人"们也不甘示弱，有的在自己的本子上写一首小诗、有的几个人合作、有的甚至跑到前面把诗写在黑板上"冬去春来又一季，我们要把时间惜。岁月流逝无可议，老年有成不叹息。"这是苏函这一组的佳作。"日出日落，花开花谢时光飞逝，时不待我。惜时好学，必有所为。"这又是雯君、钰玮、学秀她们合写的诗。"教育家"们更是跃跃欲试，凯琳、陈琳这一组高声朗诵："珍惜时间就是珍惜生命，浪费时间就是糟蹋自己。""时间在你手中，只要你去把握。"这句名言竟出于一个学困生之口，听课的老师们为他喝彩叫绝。"时间像流星一闪而过。""要想成才，分秒必争。""珍惜时间就是为自己的未来打造基础。""幼年不知惜时光，老年涕泪满衣裳。"林彬、毅超等"教育家"们娓娓道来，"画家"们五彩缤纷的画面更令人耳目一新，你瞧：有柳树发芽，垂柳正在水平如镜的河面上梳理秀发；有正从"无穷碧"的荷叶中冒出的"别样红"的荷花；有纷纷扬扬的落叶；有落光了叶子，挂着蓬松松、沉甸甸雪球儿的柏树；夏令人惊叹的是许毅娟、郑立昆等人合作一幅长长的画卷展示在黑板上：冰雪融化的小河，从远方飞回来的小燕子，开得正艳的桃花，五颜六色的花儿像赶集似的，为春天增添了无限的生趣，这真是一幅生机勃勃的春景图。"书法家"郭妙兰、陈舒芳、高小菁等写在宣纸上的字是那样潇洒清秀、刚劲有力、美不胜收。

听课的老师还在学生们个性张扬的舞台上流连忘返，然而无情的下课铃声敲响了。

案例分析

案例中教师为学生的自主写作提供了有利的条件和广阔的空间，通过"你想说做做些什么呢？"这个有深度而又富有挑战性的问题，调动学生的学习兴趣，激发学生的想象，学生通过扮演不同的角色，自主选题．自由表达，有创意的表达，如"朗诵家"绘声绘色声情并茂的朗诵，诗人们对人生的感叹，"教育家"富有哲理的时间论，"国家"们五彩缤纷的画面、"书法家"们潇洒清秀、刚劲有力、美不胜收的字……，这些都培养了他们的组织能力和思维能力。

学生们大胆想象、用心倾诉、真情流露，这短短的几十分钟，既是学生们心灵的独白，又是他们个性的张扬，这种课堂，正是展示学生个性的舞台，最大限度地调动学生热情，使学生的个性得以张扬、体现、发展。

　　学生是学习的主人，教师是学生学习活动的组织者和引导者；课堂是学生学习、活动、发展的重要场所，是他们自己的课堂。教师在教学中应激发学生的学习兴趣．注重培养学生自主学习的意识和习惯，为学生创设良好的自主学习情境，让每个学生积极主动地参与到学习活动中，点燃学生思维的火花，开启心灵的智慧。使学生在生动和谐的课堂氛围中充分锻炼自己、展示自己、提高自己，为学生创新能力的发展提供一片广阔的天空。

9. 委婉含蓄，利人利己

委婉就是不直言其事，故意把话说得含蓄、婉转一些。这是每个人应该学习的说话方式，教师尤其如此。有人说："教师的语言如钥匙，能开启学生心灵的窗户，如火炬能照亮学生的未来，如种子能深埋在学生的心里。"这话说得并不过分。

当学生取得成绩时，教师要在全班面前表扬他们，这样会使他们在心理上产生一种快乐和成就感，使他们信心倍增；当他们出现错误时，教师要注意方法，委婉地指出错误，以减轻学生的心理负担。

对于作业不认真，抄袭他人作业的，要找出优点进行鼓励，激发上进心；对于长期不改的，则以委婉的语气进行劝诫，既要保护学生的自尊心，又要让学生感受到老师的帮助和希望。这比在作业本上打个叉，在课堂上点名批评的效果好得多，能促进学生心理健康和谐发展。

学生在犯了错误以后，往往都会在心里暗暗自责或感到害怕，如果老师直接批评的话，他会以种种理由为自己辩护，拒不认错。因此，批评学生时，我们不宜采取强硬的态度，特别是高年级的学生，因为他们需要别人的尊重，他们无法忍受别人的呵责。对这类学生，我们要晓之以理、动之以情，尽可能少用语气生硬的祈使句劝诫学生。而代之以比较委婉的方式，学生在得到尊重的同时也会学会尊重他人。对他们所犯的错误，可以不明确指出来，通过旁敲侧击的方法劝诫他们做任何事情应想想后果，让他们意识到自己所犯的错误。由于老师的宽容体谅，犯错误的学生感觉受

到了尊重.往往会主动承认错误、积极改正,并且打心底感激老师。

经典案例

语文课上,同学们正眉飞色舞地吟诵着张继的《枫桥夜泊》,张志东竟哈哈大笑起来,他非常得意,却引得全班诧异。"张志东,什么事令你如此开怀?和大家一起分享一下吧!"

同桌笑着递上一张稿纸,细看,原来是模仿着《枫桥夜泊)写了一首打油诗,别说,对仗甚是工整。"好诗!俗话说,'熟读唐诗三百首,不会做诗也会吟',看来我们平时读背古诗所花的工夫没白费,同学们真是受益匪浅呀,不但会吟诗,还会做诗了!看来,这工作我们还是要继续进行到底呀!"

我将稿纸递还给张志东,"写得不错,如果换个创作环境,有更多的时间加以推敲的话,相信这首诗会更精彩,再推敲推敲,使内容更具可读性,老师期待着你的佳作!"我继而面向全体学生。

"同学们,我们也来过把创作瘾,怎么样?今天老师就补充一个拓展练习,回京后,请同学们模仿着写一首反映我们家庭生活的诗,大家意下如何?""好!"同学们个个兴致盎然,跃跃欲试。

又是一节语文自习课,教室内一片安静,同学们正埋头做着作业,偶尔有学生上前批改订正,一切似乎都是那么井然有序。"呵呵!""哈哈!"笑声不断传来。其他正在低头写作业的同学惊异地抬起头,顺着同学们目光望去,只见一人手拿作业本,背着双手,保持下蹲姿势,蛙跳前行,不是刚改完作业回座位的陈刚吗?在干吗呢?顿时,我的脸色由晴转为多云,"哗众取宠!"全班哗然……偷眼望我,大家留意到了我的神色,怯生生地盯着我,等待着暴风雨的发生。"嗬!操练起来了!"我放下手中的笔,按捺住心中的怒火笑着说,"看来下学期的校运会,你们班是胜利在望了!瞧,我们的选手抓紧时间,练得多卖力呀!"大家一听,神情缓和,静听下文。"身体是革命的本钱,要想做大事必须有好的身体,这么一说加强锻炼就是必要的,陈刚同学就是我们的典范,老师希望大家都能加强

优秀教师课堂氛围营造的艺术

锻炼，练好身体，同时为运动会作准备！…啪啪……"掌声响起，陈刚吐吐舌头，憨笑着回到座位。"但是。老师提出一个小小的建议：课堂场地有限，环境不利于训练，而操场天地宽大，是个训练的好地方。此外，现在是学习时间，只有此时抓紧时间，及时完成作业。才能更加安心地训练，正所谓天时、地利、人和嘛！"同学们点头称是，继续学习。

案例分析

本案例中，在语文课上，教师对学生张志东的委婉地劝诫值得我们学习，他不是直接批评，而是找出这位学生的优点进行鼓励，激发上进心，直接做到尊重学生。教学就是教师传授知识的基础上培养学生使其展现独特优秀性格。教师努力摆正位置，调整心态；不时地给予学生微笑、鼓励、关心、支持、指导，真正成为一个协调者和学习情绪的鼓励者。

同样，在语文自习课上，对待哗众取宠的学生陈刚，老师按捺住心中怒火笑着指出其错误。通过"课堂场地有限，环境不利于训练…"旁敲侧击的方法劝诫他的做法，同时保护了学生的自尊心，再晓之以理，动之以情，消除抵触情绪，使他们心里产生一种快慰和成就感。

如果说赞扬是抚慰学生心灵的阳光，那么委婉地劝诫是照耀学生心灵的巨镜，能让人更加真实地认识自己，使人进步。

第四章　课堂教学技巧运用

10．用"启发式"代替"灌输式"

"启发式"教学是指教师在教学过程中根据教学任务和学习的客观规律，从学生的实际出发，采用多种方式，以启发学生的思维为核心，调动学生的学习主动性和积极性，促使他们生动活泼地学习的一种教学指导思想。它的基本要求是，调动学生的主动性，启发学生独立思考，发展学生的逻辑思维能力，让学生动手，培养独立解决问题的能力。启发式是一种循循善诱的教学方法，是中国两千年以来最受学子们欢迎的一种教学方法。

教师在教学工作中依据学习过程的客观规律，引导学生主动、积极、自觉地掌握知识的教学方法。启发式教学的实质在于正确处理教与学的相互关系，它反映了教学的客观规律。随着现代科学技术的进步和教学经验的积累，启发式教学将不断得到丰富和发展。目前，一些国家教学法改革中的许多创造和见解，都是同启发式教学的要求相关联的。

启发式教学不是 种固定的、封闭的模式，而是一种开放的、不断吸收新的教学经验，不断充实和发展的教学指导思想，它与传统的"灌输式"教学模式大相径庭。

启发式教学在很大程度上就是老师充分调动学生学习的需要、兴趣、动机，培养学生良好的学习习惯，锻炼学生思考的能力，提高学生的智力水平。

经典案例

江阴市知名教师——要塞实验小学杨建国先生在上"圆的认识"一课时，为了激发学生学习的思考力，大量地运用了启发式教学方法。

杨建国的开场白是："同学们，你们见到的车轮都是什么形状的?"

学生们齐答："圆形的。"

"为什么车轮是圆形的呢?"杨建国微笑着问。

这个问题真够新鲜的，学生们的好奇心一下子就被激发了出来。

学生们互相议论着，争辩着："老师，如果车轮不是圆形的，那就有可能走不快。""车轮不是圆形的，是正方形或是三角形的就会走起来上下颠簸不停的，车子就会走不稳的。"

杨建国继续问："圆形车轮为什么会转得很稳呢?"

学生们面面相觑。对他们来讲，这个问题确实有些难。

杨建国抓住这个机会，引导他们自己去寻找答案："你们能不能根据实际的车轮想一想它的奥秘呢?"

听到老师的话，学生们马上动起手来。有的拿起小车轮左右观察，用尺子和手比画着、思考着，有的拿着绳或尺子量起来，有的则在翻课本，企图从教材中找到答案。

杨建国没有打扰孩子们的思维，而是给时间让他们自由思考。

当杨建国看到陈明正在用一根小棍当尺子去测量车轮的辐条时，他的心里甭提有多高兴。

要知道，这个平时学习较差的学生，此时竟能想出这么聪明的办法来认识车轮，而这种方法正是寻找正确答案的捷径。

"陈明，你真聪明!"杨建国趁此机会鼓励道。

一句真诚的夸奖，给了这个调皮鬼无穷的力量! 陈明立即站起来大声地道："老师，我发现辐条的长度都是一样的。"

"为什么是一样长的呢?"杨建国继续问道。

陈明愣住了。

此时，其他学生纷纷举起了手。

"车轴与轮子的距离相等，就保证了车与地面的距离始终不变，所以车子行走时就稳了。"这是优等生刘子秀的声音。

于是，杨建国就顺利地引出主题："正像你们所说的那样，每根辐条的；长度是一样的，即轴与轮子上的距离相等，才能使轮子转动起来始终和地面保持相等的距离。那么，轴到轮子上的距离又是圆的什么呢？圆还有哪些特性呢？这也就是我们这节课学习的内容——圆的认识。"

案例分析

依照通用规则，杨建国在实际的课堂教学中完全可以把"圆的认识"直截了当地讲解为："直径等于半径的二倍；圆周长为 27 乘以半径。"再把固的公式直接讲述给大家，然后演示一下实例即可。如此一来，杨建国可以省却很多工夫，学生也只需死死记住公式也就可以了。但是，他们未能从这个毫无感觉的公式中受到些许启发，更不能了解圆的其他规律。因为老师根本就没有给予学生们在课堂上思考的时间，而学生们课后也容易因忙于应试学习而彻头彻尾地忘记将知识落实到实践中。

启发式教学的方法，不但能启发学生的思维，而且可以活跃课堂气氛，让乏味的课堂变得生机勃勃，使学生变被动为主动，最大限度地发挥学生的积极性。

11. 妥善"经营"学生的嫉妒心理

嫉妒是指人们为竞争一定的权益,对相应的幸运者或潜在的幸运者怀有的一种冷漠、贬低、排斥、甚至是敌视的心理状态。嫉妒俗称为"红眼病、吃醋、吃不到葡萄说葡萄酸"等等。嫉妒是与他人比较,发现自己在才能、名誉、地位或境遇等方面不如别人而产生的一种由羞愧、愤怒、怨恨等组成的复杂的情绪状态。

嫉妒是一种与生俱来的心理,每个人身上或多或少都会存在这种情绪。学生时期正是争强好胜的性格特点比较突出的时期。学生因为希望比他人强而出现的竞争行为是一种正常的心理,适当的嫉妒、竞争,还能成为他们进步、成长的动力。但对于不正当的嫉妒心理,老师应该及时处理,尽量减少学生之间的矛盾,帮助学生健康成长。

经典案例

辽宁省辽河油田第一高中的优秀教师王旭飞就曾经碰上过一个嫉妒情绪比较严重的学生。

姜涵是高二的学生,成绩优秀,在班里担任班长。有一次王老师主持班会,重新改选班委。在投票选举班长的时候,姜涵本以为自己还会连任班长。谁知道竟没有几个同学投她的票,最后班长由一位票数最多的同学孔然担任了。

姜涵当时很不高兴，把脸拉得长长的。王老师看见了以后知道姜涵很不服气，准备课下再开解她。可过了一会儿，姜涵举手称病，说自己不舒服，要请假回寝室。王老师知道姜涵不舒服是假的，心情不好才是真的，可王老师也没有说什么，就让姜涵回寝室了。

谁也没有想到，姜涵回到寝室后越想越生气，越想越嫉妒孔然，她翻出孔然的一条白裙子扔到地上，在上面又踩又踏，觉得还不解气，又用剪刀把裙子剪成一条一条的。

这件事发生以后，许多同学和老师都感到震惊和不解，他们不理解一个成绩优秀、工作能力突出的学生怎么会做出这种事来。

王老师却知道，这完全是姜涵的嫉妒情绪在作祟，如果不及时疏导，恐怕会有更严重的后果。王老师决定找姜涵进行一次恳谈，但是如果直奔主题揭其伤疤，恐怕会引起她的过激反应导致谈话失败。于是王老师找到姜涵后先对这个问题避而不谈，而是和她共同观看了一则"高中某学生用硫酸泼同学致残被判死刑"的访谈节目，然后王老师和姜涵交流了看法。

姜涵问王老师："王老师，您该不会认为我和那个高中生一样吧？"

王老师坚定地摇摇头，"不，你们俩不一样！你是个聪明孩子，聪明人绝对不会办糊涂事。"

话音未落，姜涵低头说了一句："我已经办了一件糊涂事了。我，我嫉妒孔然。"

说完这句话，姜涵松了一口气。王老师引导姜涵分析了自己的心态，并让她认识到这件事都是嫉妒情绪在捣鬼，如果任其发展下去，就会出现像那个高中生一样的悲剧；而如果能正确认识，结果就完全不一样了。

最重要的是，王老师告诉姜涵，她生活在一个集体中，任何人都不能脱离集体而存在，别人的进步并不是跟自己没有关系的，而是和自己息息相关的。

如果别人的成绩都不好，别人的能力都很差，她生活在这样的集体里又怎么能进步呢？只有所有同学都进步了，都是优秀的，才更能体现出她的价值。王老师还引导姜涵认识到，要想更多地体现自己的价值，就要帮助其他同学进步，这样可以形成良好的互动氛围，自己也能在这种氛围中获得更多的能力，变得更加优秀。

通过王老师的疏导，姜涵深刻地认识到了嫉妒情绪的危害，也在头脑中树立了和同学友好交往的观念。从那以后，姜涵经常在紧张的学习之余主动找同学谈心，跟同学们一起讨论问题，还主动帮学习差的同学补习功课。更难能可贵的是，姜涵还经常虚心地向别的同学请教问题，向别人学习，因为姜涵深深地记住了王老师的话——只有整个集体都优秀了，自己才能更优秀！

案例分析

从案例中我们可以看出，姜涵是一个嫉妒心很强的学生，在自己的愿望没有实现后，趁机"报复"孔然，面对这种情况，王老师没有批评姜涵，没有严厉地指责她，而是采用了另外一种方法——观看类似的访谈节目，使姜涵在节目中看到了自己的影子，认识到了自己的错误，并诚恳地、积极地改正错误。

每个人都会有嫉妒心理，对于学生，老师要懂得并善于经营学生的这种心理，妥善处理学生之间的矛盾，平复学生的不平衡心理，让学生健康、快乐地成长，打造和谐、愉悦的班级和课堂。

第五章　营造和谐课堂

　　和谐是指事物或现象各方面的协调、配合与多样性的统一。在哲学上，和谐是真、善、美的统一，是事物最佳的表现形态，是一切美好事物的共同特点，是每个过程所追求的最理想的境界。现代心理学认为，和谐是美好事物的基本特征之一，它通过感知在人的情感和理智中产生积极的反应，在心理机制上使人愉快、满足，并唤起人们对生活的热爱。

　　所谓"和谐课堂"，是指在课堂教学中，师生关系平等，教学过程中教学方法、手段的运用等呈现出协调、配合与多样性的统一。使学生自觉、积极地进入学习的状态中。从而使学生学习兴趣得以提高，潜能得以发挥，能力得到锻炼，个性得以优化。

　　美国心理学家罗杰斯认为："成功的教学依赖于一种真诚的理解和信任的师生关系，依赖于一种和谐安全的课堂气氛。"由此看来，建立民主和谐的师生关系，形成良好的氛围是上好一堂课的基础。怎样建立新型的师生关系，营造和谐的课堂氛围呢？

1． 关爱学生是师德之魂

鲁迅先生指出，"什么是教育，教育就是爱。"我国现代教育家夏丏尊也说:" 教育之没有情感，没有爱，如同池塘没有水一样，没有水，就不能称其为池塘，没有爱就没有教育。" 教育是一项充满人性关爱的事业。爱是生命与生命的沟通过程，是教师与学生共同度过的特殊的生命历程，是教育的基础，更是师德之魂。

学生也渴求老师的爱，想使自己成为老师心目中的好孩子，这是他们的行为动机和迫切希望。学生，往往喜欢哪位老师，也往往喜欢他所教的学科，在课堂上就会觉得老师讲的内容生动有趣，以一种积极兴奋的情感去学习，从而自觉主动地参与学习。

一个教师只有关爱学生，才能赢得学生的尊重与信任；才会爱岗敬业，乐于奉献，竭尽全力地去教育学生；才会自觉自愿地约束自己，规范自己的言行，更好地做到为人师表。

经典案例1

刚，9月入学，不到四个月就有了恐惧感，并引发其它疾病。从他的学习情况来看，平时学习不积极，注意力不集中，无论是上课还是自修，只要外面有人走动，总是自觉不自觉地往外看。几个月下来，学习成绩提高不明显。

虽多次找他谈话了解情况，进行教育，但效果不佳。其他任课老师也反映，他在面对老师时一声不吭，满脸涨得通红，样子甚是可怕。由于心理恐惧，引发了膀胱炎，课间不想上厕所，一上课就想上厕所，又不敢请假去，只好一直憋着。我对刚的病十分担心，年纪轻轻的，可不能出什么问题啊！

为此，我了解了与刚曾在同一学校的同学，并与他的家长交流，终于了解了刚得病的原因。据刚的同学和家长反映，刚在初中曾因背诵课文而被罚抄课文。原来，刚在初一时，语文老师每天让学生背诵课文，没有背出来的先站在走廊上背，会背了再到老师那背。如果再背不出来，将课文罚抄10遍。若第二天还背不出来就去厕所背，背不出将课文罚抄50遍。该生在初一时被罚过五次，每次都是整夜不能睡觉，他的父母也帮助他抄写课文。久而久之，该生渐渐对学习失去了兴趣，害怕上课，烦躁不安，一见书本、一见课堂就感到头痛心慌。

解铃还需系铃人，心病还得心药医。由于该生是因罚抄课文而产生的恐惧，进而引发的心理障碍，属心理疾病，光靠药物是无法彻底根治的。作为刚的班主任和语文老师，如何使刚从阴影中走出来开始我要解决的首要问题。因此，我设想，从刚的实际情况和病情出发，从"师爱"上化解刚的恐惧心理，加强沟通、对症下药，从而帮助他树立信心，扬起奋斗、前进的风帆。

我把刚叫到办公室，问他为什么上课总是走神、想上厕所。他不吭声，只是低着头，身体不停地颤抖。看来他很紧张，继续问下去也不会有什么结果，我便让他先回教室去。第一次谈话失败。

事后，我和其他几位任课老师进行磋商，认为刚可能是对谈话的环境有所顾忌，毕竟那次谈话是在办公室进行的，很多老师都在场，顾及到个人隐私，他选择了沉默。况且，那也是一次不平等的谈话，没有让他坐下来面对面地倾心交谈，完全是以一个师长的身份在询问，效果当然不会理想。我准备再找他谈话，地点打算放在比较偏僻的地方。

机会很快就来了。

一天，上完第四节课，看见刚面无表情，埋着头向食堂走去。我赶紧向刚走过去。

"刚，去食堂吗？"他点点头。

"走，一起去。"

到食堂后，我特地找了个角落坐下，让他在我对面坐下。"你是哪个学校毕业的，父母是做什么的？"

"……初中，父亲在外面工作。"

"我上学时，家里也跟你一样，靠父亲一人在外面工作，确实不容易。"他点点头。

"高中跟初中不同了，课程增多了，难度加深了，能适应吗？"

"还行，就是作业来不及做。"

"高中三年，是要吃苦，当然睡眠时间还是要有保证，你最近上课总是打瞌睡，是不是开夜车了？"

"没，看书看不进去。我这几天身体不好。"

"病了要早点看医生，别耽误了。能告诉我哪里不舒服吗？"

"我头晕、乏力，害怕背书，一背书数就头疼。"

"那初中的时候是这样吗？"

在我的追问下，他终于把初中时背书的事情告诉了我。

通过这次谈话，我了解到刚的病状已经非常严重，经常头痛、失眠、做噩梦，一上课就莫名地紧张，加上睡眠不足，已引发神经衰弱、膀胱炎等症状，再不治疗后果就不堪设想。

我和其他几位任课老师商量后，认为从刚的现状来看，应采取阶段性和长期心理疏导相结合的方法，有目的、有计划地进行引导教育，并达成几点共识：刚什么时候想上厕所，必须让他去；对十分看重考试成绩的刚，在考试成绩下降后，应采取灵活恰当地方式对其考试成绩进行评价，不能一味斥责；寻找契机，让其在同学面前大声说话。

为了培养他的信心，让他多参加一些容易完成的公益活动，抓住时机对其表扬和鼓励。

有一次正好轮到刚擦黑板，他擦得很干净。我利用课堂几分钟时间表扬了他，希望班上的学生向他学习，他心里喜滋滋的。在课堂上害怕背诵

古诗的刚大声朗读古诗和课文，请他背诵他已经会背的课文，树立他学习的自信心。过了一段时间再找刚谈话，对他在近期的表现进行表扬，希望他再接再厉。

经过一学期的努力，刚的情况已经有了明显的好转，上课精神多了，也不像以前那样孤僻，能和同学融洽相处了。更值得欣慰的是，他已经把我当成知己，有什么话都主动跟我说。当然，要使刚完全恢复到健康状态，在这短短的时间里是不可能的，不过我正在努力。

案例分析

教育是一项系统工程，教师的一言一行都影响着学生，都会通过学生的眼睛在他们的心灵深处留下印象。以爱为宗旨，采取恰当的教育方式，是教育成功的关键。

老师的爱对学生个性发展极为重要。一个经常得到教师关爱的学生，他会从中感受到教师对他的关心和肯定，由此获得心理上的满足，并在这种满足中发展自己的自尊心和自信心，进而诱发积极向上的热情，使其对人生感到有意义，调整好他的情绪，努力使他对生活充满愉快和乐观，同时，让他从自己所感受到的关心和爱护中陶冶良好的情感，学会如何以积极的情感去对待别人，去处理人与人之间的关系，从而形成对人关爱、助人为乐、团结互助的健康心理。

高尔基说过："谁爱孩子，孩子就爱他，只有爱孩子的人才可以教育孩子。"作为一名教师，对学生要有爱心，要像爱自己的孩子一样去关心、爱护每一个学生。因为只有爱，才能使学生感到温暖，才能使学生消除戒备心理，才能使师生之间没有隔阂，情感更为融洽；因为只有爱，才能消除学生压抑的心理，才能为充分发挥学生的潜能，创设良好的心理环境。

然而，在课堂教学中教师就往往不是平等地对待每一个学生。优等生受表扬鼓励的多，参与课堂训练的机会多；差生受训斥的多，参与课堂训练的机会却很少，甚至有的受到体罚和变相体罚。这种人格上的不平等，抑制了学生个性发展，挫伤了绝大部分学生的学习主动性和积极性。

真诚的师爱是深入学生心灵的途径，是开启学生心灵之门的金钥匙，是激发学生上进、努力的催化剂。爱是信任、爱是尊重、爱是鞭策、爱本身就是一种能触及灵魂深处的教育过程，学生更需要教师母亲般的关爱。

教师不但要爱学生，而且，对学生的爱应该是平等的，也就是把爱给每一位学生，对全体学生都公正平等、一视同仁，从而取得学生的信任。一位教育家说过："教育的全部奥秘，就在于使受教育者对自己充满信心，对前途充满希望。"教师是"人类灵魂的工程师"，那么学生就是工程师所需的原材料，没有原材料，工程就不能进展只要教育充满爱，教师对后进生的关心爱护，就可转化为他们内心自我肯定、积极向上的力量，使他们对未来充满希望，从而使之转化为好学生。

教师对学生的爱应是纯洁的、公正的，不能有半点的虚情假意和矫揉造作，特别是对那些后进生，教师更应该多关心他们，努力发现他们身上的闪光点，创造一些表扬他们的机会，多给他们一些温暖，或许一个鼓励的眼神、一句温暖的话语就能激起他们的信心，成为他们前进的起点。能公正地爱每一个学生是教师心灵美的表现，是具有良好的师德修养的表现，在教师的眼里，每一个学生都是平等的，没有高低贵贱之分，教师对所有的学生应一视同仁，让每一个学生都沐浴在师爱的阳光之下。

经典案例2

有一个叫锋的学生，因父母长期不和. 他无人管教，性格怪僻，喜怒无常，经常打架，在课堂上闹，不服老师管教。

那一年暑假，家属区就议论开了：津南村有个淘气的学生，该读初一了，哪个班主任摊上就倒霉了。我怀着一份好奇心，到处打听这个学生到底是谁，名气这么大。开学的前一天，我看见操场上有几个男孩在踢足球，真有个男孩像人们所说的锋。因为在这之前，我就拿到我班所有学生的档案，他这么出名，当然他的照片我要多留神了。于是我走过去打听，果然是他。

我说："你知道吗？我是你的班主任。"他说："听说了。"接着我又说："以前的一切都忘掉，从现在起，你是一个新生，一切都以新的面貌开始，你除了喜欢踢足球，还喜欢别的体育项目吗?"他回答道："还喜欢短跑，曾经在校运会上获得过第三名。""那么就当体育委员吧，再组织一个小足球队，我负责给你们联系比赛。"这次谈话就这样结束了。

出乎意料的是，就这么两三分钟的谈话，居然对这孩子以后的成长起了巨大的作用。谈话的当天晚上，他这么小的孩子却失眠了，怎么也睡不着。他想，这个老师太好了，这么看重我，一定要好好干出个样来，给那些瞧不起我的人看看。

初一到毕业，三年中我见过他父亲两次，母亲一次也没见着，他从不来开家长会。有一次家访，他父亲说：这个娃儿完了，不可救药，只好让他烂下去。小学时，每次到老师办公室就像斗地主一样，所有老师都在告状，数落这小孩，我们当家长的，也没脸面，各种方法都用尽了，用皮带抽，绑起来打，有一次还威胁他，再捣蛋就绑着推下"杨公桥"，可他仍然屡教不改。

由于这个孩子倔强得很，一下子改好也是办不到的。我始终对他动之以情，晓之以理，尽我的全力，从生活上关爱他。

初一下学期时，他的爸爸突然消失了，成群结队的人到他家里要账，把他妈妈惹烦了，也出去鬼混，只是每月给他买50元钱的饭菜票。他经常一天只吃两顿或一顿饭，而他吃得特别多，那点儿饭菜票根本不够。冬天，毛衣也没有，冻得直哆嗦，我就把他接到我家，在我家吃饭，给他买衣服过冬，晚上守着他做完作业再让他回家，以此来弥补他失去的母爱。

这孩子的确很争气，从初二开始，成了我最得力的小助手，工作做得有声有色，每次运动会，我无须过问，他一手包干，学生也服他，同事都羡慕我培养了一个这么得力的班干部。

毕业考试，他考上了高中，但由于找不到父亲，母亲拒绝再负担学费，他只好放弃。第三年工厂里招工，我拿了40元钱给他报名参加考试。当时有近100人参加考试，只收10人，他考了第一名。工作后，他坚持自学高中课程，参加成人高考补习班补课，他考上了电大工业管理专业，圆了他的读书梦。现在已在某厂当干部。毕业后他经常抽空看望我，前年得知我要搬家的消息后，他立即找了班上几个同学，连续两个星期下班就来，从头到尾我没有一点儿插手的机会。他们说："覃老师，你要怎样布置，只要开口说一声，一定让你满意。"好多同事都羡慕不已，有的甚至对我说："你的这些学生比亲儿子还好！"

就在锋同学这个班，还有几个家庭破裂的学生，与继父继母的关系很不好。这些小孩几乎心理变态，他们总觉得世界上的人都很坏，没有"爱"可寻。

针对这种心理，我经常把他们组织起来，和他们一块儿爬山或到沙坪公园去玩儿。我每次都把几斤面拌成凉面，带上佐料，一个八磅水瓶，一大张塑料布，一边走路一边给他们做工作，教会他们怎样爱自己的亲生父母，正确处理与新家庭成员的关系，多关心同学。我还通过家访，把学生的困惑讲给家长听，并希望家长多给这些孩子一点关爱，协调他们之间的关系。

有一个学生的母亲是农民，继父掌管家庭经济。小学六年时间里他从未参加过需要花钱的集体活动，每次我们班外出春游秋游，我都主动为他出一半的钱，再号召全班同学多出几角钱，使这个同学很受感动，他改变了以往对班集体漠不关心、对同学冷淡的态度。这些学生都顺利地考上了高中。1996年8月，该班的全体学生在宴宾楼包了4桌酒席，为我操办40岁生日庆典。最远的学生从桂林专程赶回来，觉都没睡，没有回去看父母，直接到我家，那热闹的场面，让酒店里的老板都感动，他也主动来为我敬酒，并对我说："老师真光荣。"饭后，大多数学生告别了，当年最调皮、最让我操心的一个学生专门租了6辆小车，陪着我到城里兜了一圈。还有一个调皮生，参军后第一个探亲假，下火车已是深夜了，父母接他时，他却执意要来看望我后再回家。

案例分析

每当我们说到教育之爱或教师之爱时，往往都用"博爱"一词，好像不这样，不足以"言尽其意"。因为有了爱，我们的教育才变成最"人性

化"和最富有"人情味"的事业。而在一切教师之爱中,宽容也许是最必不可少的。为什么?因为学生都是涉世未深的孩子,连成人都难免有错,何况孩子?宽容就是教师从心底里理解、体谅学生的"不完善",对学生的过错给予谅解;它既是处理师生关系的有效方法,也是允许学生自我认识和自我转变的科学态度。宽容比训斥更能感化学生,更有利于学生接受教育。诚如苏霍姆林斯基说的,有时宽容引起的道德震动,比处罚更强烈。关于这一点,通过帮教"问题学生",使其重新获得新生,会让人体会最深、最难忘记。

教师与学生建立起很深的感情后,不但使得学生与老师能够进行心与心的交流,还可以培养他们克服困难、积极向上的精神,养成良好的品德、个性等,这样我们的教学会收到事半功倍的效果。

经典案例3

2004年9月我到求实中学初二(一)班上第一节物理课。当时,我是这样引出课堂内容的:"同学们,当你手捧崭新的物理课本时,请你告诉我你的第一想法是什么?"

由于是新班的第一节课,我一个学生的名字也叫不出。就只好按座位依次提问。答案千奇百怪,如:"物理老师长得怎么样?物理讲的是什么?""物理好学吗?""物理有用吗?"对同学的回答我都报以满意的微笑。当轮到最后一排的一位同学时,他的回答是:"我拿到物理课本时,我的第一感觉是烦死了,恼死了!因为多一门课,又多了一门作业。"

听到那位同学的回答,我感到非常突然而且有些不知所措,学生则以一种惊异的目光看着我,班里顿时寂静极了,好象预感到老师要大发脾气。面对这突发的事件,我竟没有任何怒气和抱怨地说:"请同学们放心,物理作业非常少,只要认真听课甚至可以不写作业,最多半个小时作业,在学校可以写完,不留家庭作业。"

话音刚落,学生一片掌声,班里的气氛顿时轻松下来。当时我的话是情急之下发自内心的肺腑之言,没有带任何感情色彩和成见。课下我了解到那位同学是什么都不学、谁都不愿意接收的留级生。我非常庆幸我当时不了解他的情况，才没有把他当成差生故意捣乱。不知道何种原因，我让这样的一名学生当上了物理课代表. 也不知他用什么方法，但总能把该班的物理作业收齐，让我少费很多心思，有时还帮我布置作业，给我帮助不小，其他课基本不学的他，有时还找些物理课外题来做，我记得有一次他的物理成绩在班里还名列前茅呢！

案例分析

在这个教学中，我们可以发现把握公正的天平的重要性——不但能激发学生的学习兴趣，而且对学生的品德，个性的发展产生直接而深远的影响。

教师的爱，是应当普遍地给予全体学生的，是应当包含着科学的是非标准的。因此必须充分体现出公正性。这里包括两层含义：一是教师必须公平地、一视同仁地对待所有学生，既不偏袒任何一名学生，也不委屈任何一名学生；二是教师必须公正地、是非分明地看待学生的各种行为，既要实事求是地看到他们的缺点，也要积极热情地赞扬他们的优点。公平和公正，是教师的爱应当具有的普遍性和科学性的集中体现，是使学生对教师感到可亲可敬的必备条件，缺乏公正性的爱，必然会带来各种副作用，不但不能推进教育活动的开展，反而会严重影响教育的效果。

要使教育真正具有公正性，教师就必须具有一颗无私的心，要随时随地注意防止和克服自己认识上的主观性和片面性，认真培养对于学生行为的准确而又敏锐的鉴别力，要敢于面对自己在处理问题时发生的失误，一旦发现就要尽快地、开诚布公地加以纠正。

一个公正的教师，会给予学生充分的自信心，使他们愿意学习、积极主动地学习，不断提高自己的成绩，同时，也会给学生道德心灵上带来极其有益的影响。

师爱是伟大的、神圣的，师爱是人类复杂情感中最高尚的情感，它凝结着教师无私奉献的精神，师爱是超凡脱俗的爱。这种爱没有血缘和亲

第五章 营造和谐课堂

情，然而这种爱却有一种巨大的力量。

师爱是教师所必须具备的道德素质之一，我们要经过有意识的锻炼才能做到，才能使师爱成为教育学生强有力的手段。

2. 给学生留有足够的自尊

自尊就是自我尊重。自尊是一种良好的心理状态，它首先表现为自我尊重和自我爱护。自尊还包含要求他人，集体和社会对自己尊重的期望。心理学家认为，自尊是通过社会比较形成的。我们每个人都有了解自己的需要，都需要知道自己在团体和社会中所处的位置，从而体会自身的价值。

如今的学生独生子女较多，而且正处于自尊心强、感情脆弱的年龄，每个学生都有较强的自尊心，所以批评要注意保护学生的自尊心，注意场合，顾其颜面，尊重其人格。批评时尽量不当众批评，可以点事不点名，表明批评是对事不对人，这样既成全了被批评学生的面子，也起到教育其本人，同时也教育了大家的作用。

在批评学生的过程中，绝不能只有生硬的批评，一定要有真情实感的流露，让学生感受到老师对他的尊重和期待。对不同个性的学生，注意方式、方法的灵活性。

对性格内向、自尊心强的学生，尽量不当众批评.不使用严厉或过激的语言，否则必然会伤害他们，使之抬不起头来，觉得失掉了做人的尊严，因为这样做会导致他们心理承受能力弱而背上沉重的思想负担。对这种性格的学生，通过暗示，或者过后找个适当的机会，真诚地跟他们谈谈，使学生逐步适应，逐步接受。

对性格外向、言行张扬的学生犯了错误，采取当众批评的方式，但在

表情和语言上也应特别注意，注意语言的分寸、尺度，绝不讽刺挖苦，必须严肃指出他的严重错误。

对一些自控能力差、好惹是生非、学习态度不端正的学生，在反复的言语批评效果不明显的情况下，努力通过一些生活场景让他们自我体验、自我评价。

总之，教师要充分尊重学生，给学生留有足够的自尊，让学生在在被尊重的同时更加自信，体会并提高自身的价值

经典案例

记得 1999 学年度，班上有一位姓张的男同学，他脑子灵活，思维敏捷，但学习态度不端正，偶尔会在课堂上带头说话，经常钻老师的牛角尖，令老师头痛。有一次上自习课，我在讲台上批改作业，他与同桌突然争吵起来，起因是为昨晚电视剧男主人公的行为而争吵，引起其他同学的哄笑。当时我火冒三丈，真想狠狠地教训他一顿，但冷静一想，现在批评他，自己的情绪可能会失控，容易伤了他的自尊心，再说，他也许做好了挨批评的准备，我大发脾气正是他所得意的，如果我这次不当众批评他，或许还能端正他的学习态度呢。于是，我走到他的身边，严肃地看了他一会，安定了课堂秩序后，就一声不吭地继续批改作业。几天来，我只看他，没有批评他，他反而沉不住气了。一天课后，他主动找到我问："老师你为什么只看我而不批评我？我一直等你找我谈话呢。"我趁机肯定他的智力和逻辑能力，否定他的不良态度，鼓励他努力学习，充分发挥自己的聪明才智，提高竞争意识，争做"三好"学生。良久，他问我"你认为我行吗？"我说："天道酬勤，只是你会让我看到你成功吗？"他不说话只是用力地点了点头。终于，他浮躁的心安定下来了，各方面都有较大的进步。这两天听说他的高考成绩过了重点本科线，他真的让我看到了他的成功！

案例分析

学生处于易冲动的年龄，容易犯错误。但犯错误大多是犯傻事，除了大是大非，一般都是感情用事，因此，批评学生最好不要当众指责。要机智灵活地变换批评的方式方法，能够收到更好更理想的效果。

总之，教师对被批评的学生要有一颗关爱之心，要做到思想教育与情感交流并重。一位优秀的教师，不但要授学生知识，而且要美化学生的心灵，使他们健康地发展。把学生培养成对社会、对国家有甩之人。这就要老师走近学生，尊重学生，了解学生，从而引导学生走上成功之路。而且，等到学生感受到老师对他们的理解和期待时，自然会愿意接受批评，学生对老师的尊敬和信赖也会日益增强，老师的教诲便会铭记在心，从而不断鞭策自己，鼓励自己，一步步迈向成功。

个别谈话，是教师与学生沟通感情，对学生施行教育的重要手段。在谈话中教师自始至终居于主导地位，学生只是被动的从属地位。因此，教师要精心创设谈话时的和谐气氛，态度要和蔼，说话要有分寸，不要把问题说得过分严重，以消除对方的恐惧心理。

个别谈话对环境的选择也很重要。同样的谈话，环境不同，产生的效果就大不相同，而谈话环境的选择，要根据谈话的内容和谈话对象的个性差异，有的谈话适合在办公室或教室等公共场合，对犯错误的学生具有威慑力，从而促进其改正错误；而对那些顽皮的学生应在安静的地方与其聊天，效果会好得多。

为了使个别谈话富有成效，对学生真正起到启迪智慧和触动心灵的作用，谈话时还要注意要出于爱心，而不是厌恶学生。因为学生是很敏感的，他们不会与一位厌恶自己的老师真心交谈；要有平等、诚恳的态度，对任何学生都不能摆出一副盛气凌人、教训人的架子；要有真情，只有用真情才能感动学生。个别谈话是教师调节课堂氛围的重要武器，一次成功的谈话，可使学生如沐春风，给学生以启发、鼓励；反之，也可以使学生消沉、迷惑，甚至一蹶不振。

经典案例

一次上课，发现坐在最后一排的一名男生正在吃方便面，我正视时，他就闭嘴不动；我视线转移，他就大嚼起来。"上课不要吃东西，把精力用到学习上。"我提醒说，很多同学都顺着我的目光看这位男生，而他却左顾右盼，并说："谁在吃东西？""就是你！"我说。他却毫无认错地说："老师，不是我，我没吃，上课怎么能吃东西呢？"到了这种地步，我深知很难收拾，于是给自己一个台阶说："只有吃的人最清楚。"我继续讲课……

课下我找到这名男生，先从这天他吃什么饭说起，他当时就不好意思地承认他上课吃了方便面，他说他有吃零食的习惯，学不进去，就想吃点。我没有教训他，而是帮助他分析吃零食的坏处，上课吃东西的不良影响等，又从中学生要特别注意自身形象谈起，什么场合要注意什么等等，讲了很多，从他的表情上可以看出，这次谈话式的教育已深入到他的内心了，在以后的课堂上，他一直表现很好。

从此以后，对有小毛病的学生，我都是个别谈话。上课时，发现谁有了小毛病，我就走到谁的面前，两眼注视他，继续正常上课，实际上就是给他一种提醒，直到他把注意力转移到课堂上来，课后再个别谈话，平等地交流和分析其上课不良行为的原因和坏处，并提出改进的方法，可以说每一次这样做的效果都令我很满意。一个班有"毛病"的也就那么几个，有了几次这样的教育后，基本上就能很好地控制上课的局面了，师生之间的感情也融洽多了。

人的尊严都应受到尊重，个别教育，避免了与学生在课堂上正面冲突，容易进入学生的内心世界，从思想上转变了学生的错误认识。因为为这样做，呵护了学生的自尊心，不易引起学生的逆反心理，学生容易接受，才会不断进步。

案例分析

　　教育是一门艺术，课堂氛围的营造也是一门艺术。它需要教师运用"机智"来引导学生，启发学生，使其真正认识缺点，改正缺点。个别谈话就是教育学生常用的方式，而心与心的交流最能打动学生。

　　在谈话时，教师要精心创造和谐的气氛，态度要和气，说话要有分寸，不要把问题说得过分严重，就此案例分析，这位教师与学生谈话时，并没有用严厉的语气斥责他，也没有体罚，而是从这位学生的不良习惯。自身形象等方面，引导他认识自己的缺点，意识到有错就改，以端正的心态学习。

第五章　营造和谐课堂

3．关注学生，因材施教

一个好的演员，不一定是著名的歌手。每个人都有自己的闪光点，因而教学要因人而异，注意发现、发挥学生的特长，鼓励学生在各自擅长的领域发展。允许学生的不成熟和失误，允许不同的思路和做法，允许自由竞争，多给他们做示范或帮助指导同学学习，协助组织管理，通过扬长抑短方法，让他们向规范的方向发展。

经典案例1

林其它课成绩还可以，不过对英语很不感兴趣，上英语课对于他来说是一种折磨，对于我更是一件头疼的事，他会突如其来地把对英语的不满通过一些异乎寻常的动作表现出来，使其他同学无法正常学习。

有一天英语课上，我正在讲重点部分，同学们都在全神贯注的听课，教室里鸦雀无声，突然，林非常投入地哼唱起来，引起同学们的一阵哄笑，我的课堂效果自然大打折扣。

在家长、老师和同学们的共同帮助下，林对语文、数学等科目渐渐产生了兴趣，成绩也有了一定的提高。可是对于英语，他具有一种与生俱来的排斥感，我想尽了办法，找他苦口婆心地谈了好多次。他是个聪明的孩子，也意识到这样做不对，但他流着泪说，他就是控制不住自己，他也想学，可就是很急躁，一听那叽里咕噜的英语就烦，不由自主地就想唱歌，就想做点怪动作，以引起其他同学的注意。今天已不是第一次，以前好几次都弄得我下不来台，他一唱，就有其他同学跟着起哄，一些一心想学的同学直皱眉头。

我想，如果再找他谈话，他最多还是流泪表示忏悔，可是回到课堂上还是依然如故，怎样才能从根本上解决这个问题呢？我灵机一动，既然他喜欢唱，那为什么不找个让他表现的机会呢？

于是在这一周我开了一节展示自己特长的班会课，在班会上上，我对林的歌唱才能大加赞赏，然后请他表演，他很高兴，兴奋地站起来，唱了几首歌，他唱得很投入，得到了同学们热烈的掌声。

于是我又想，应该在英语课上给他一些表现的机会。于是，每当发现他又有类似的动机时，我就主动说："大家听课累了，请林同学为我们唱首歌好不好？"同学们当然高兴，他起来唱过后，也能稳定情绪。他由坐得住到可以勉强听讲了。

不久，我又想给他找一些英语歌曲，让他跟着学，学会后在英语课堂上为大家唱，这样也可以激励其他同学的学习。于是，我先给他找了一些简单的英语歌曲，限定时间让他学会为大家演唱，为了督促他，也为了激发他的热情，我也把相同的任务布置给了其他一些英语成绩好的同学。学英语歌可不是件容易的事，为了学好一支歌，他先要找来磁带听，有些单词实在念不准，他还要咨询我或其他英语成绩好的同学，他花费了很多精力。这中间，又有了新问题，他整天课上课下都在练歌，结果又惹得其他同学哄笑。我开始怀疑自己的方法，但是又不想就此放弃，我内心里总觉得林会好起来。第一次唱歌，林唱得勉强还可以，但同学们却哄笑起来。我找到林，表扬了他，并且鼓励他争取下次唱得更好一些。那以后，我一次次地布置，他也一遍遍地学习，后来越唱越好。我们还专门为他开了一次个人英语歌曲演唱会。从那以后，林渐渐喜欢上了英语课，以前的坏毛病虽然偶尔还有，但相比之下少之又少了。我们都很高兴，出乎我们意料的是，随着英语成绩的提高，林的其它功课也有了进步。

第五章 营造和谐课堂

案例分析

每个人都有表达自己情感的需求。对于学生，有时学习负担过重，生活很枯燥，日积月累，有的同学身上就会产生一些不良情绪。如果我们教育者不能及时帮助他们调整不良情绪，他们的"病症"就会越来越重，不但会影响课堂氛围，还会直接影响到他们的健康成长。如果能抓住每个学生的特性，及时为他们找到适合自己的情绪表达方式，并将他们找到学习的兴趣和方法，那应该是很有意义的一件事。

关注学生，了解学生，是日常教学的最基本的要求，只有了解学生，才能有针对性的教学，事半功倍，正所谓"知己知彼，百战不殆"。美国心理学家罗杰斯认为，教学的成功不是决定于教学技巧，不是建立在科学内容、课程计划上的，也不在于视听教具生动的表述或生动有趣的读物上，真正有意义的学习是建立在正确的人际关系、态度和素养上的。严厉而冷漠的教师，虽然也可以保证课程讲授得正确无误，但是他可能使学生陷于无动于衷或反感的情绪中，而一无所得，因为教师缺乏热情，就无法引起学生的积极反应。

学生个体的特点是多种多样的，了解学生才是教育教学的前提，教师不仅要了解学生个体的学习动机，还要了解学生的学习能力、思想表现、品行修养等以利于学生的因材施教，这也将促使教师不断改变教学方式，通过精心设计各项教学活动. 以教师有效的价值引导以及适宜地运用各种教学评价方式等，帮助学生学习与成长，从而创造平等、民主的课堂教学氛围，帮助学生学习与成长。了解和理解学生的真实情况是教学的前提，能否真正地理解学生，这在很大程度上左右着教学活动的进程与速度。教师需要了解学生已经知道了什么、学生想了解什么、学生对什么感兴趣、学生对什么感到困难，只有这样，教师才能准确地指导学生的学习，而学生才能有快速的进步。

优秀教师课堂氛围营造的艺术

经典案例 2

那是上周发生在我班的一件事，我任五（1）班数学课老师，从开学初我就力求宽严相济，努力使学生体会到老师的良苦用心，体会到爱，我对学生作业要求很严格地要求每一个同学书写要工整、仔细，经过两个星期的反复强调和强化训练，全班 26 名学生中 25 名同学的作业基本上达到要求，只有张亮这个性格内向的同学书写歪七扭八，看着让人烦心，我不知找了他多少次，也曾经下狠心看着他一笔一划地书写到晚上 9：30，可就是收效甚微，当时我真觉得有一种山穷水尽、无力回天的感觉。

有一天，我又留他写作业到晚上 9：00，想再一次教育他书写要工整、仔细，写着写着，我忽然看见张亮的眼睛湿润了，两行眼泪从眼角流了出来，滴落到作业本上，我吃了一惊，难道他委屈了，后悔了，还是……，答案我不得而知。于是，我问他怎么回事。

"宋老师，我手腕疼……"他边说边流下了眼泪。

"写字写累了？"我怀疑地问。

"这个暑假我手腕骨折了，写字不得劲。"他伸出手腕给我看。

我看到了孩子手腕上两道深深的伤印，感到无比的愧疚，我搂着他把他送回了宿舍。回到了办公室，我心情很沉重，我可以体会到孩子用骨折后刚刚愈合的手腕写字时的情景（我以前也曾扭伤过手腕，好长时间写字不成样子），孩子就是孩子，当他不能承受时，只有眼泪。

可我却是个人人尊敬的老师，孩子受伤了，自己非但没有给予应有的关心和帮助，还逼着他用受伤的手练习书法，实在是惭愧。这件事的发生使我不断地扪心自问，也不断地提醒自己："你了解你的学生吗？你真的了解你的学生吗？"

案例分析

经过这件事情，案例中的老师明白了学生们心灵世界中特有的需求，作为孩子，他们渴望老师真心地接受他们，尊重他们的独立人格和自主意识，需要老师用欣赏的态度赞赏和肯定他们，用积极的心态意向鼓励和期待他们。在课堂里，那一双双争先恐后的小手，都是想要争取一个表现自己和体验成功的机会，他们就像孕育在土壤中的等待发芽的种子，一旦感受到春天的温暖就会萌动，滋生。老师的尊重、赞赏和期待使他们的心灵无拘无束地处在积极的状态，他们的潜能和个性就会自由而充分地表现出来。相反地，老师的漠视、冷酷和贬责只会使那颗种子在冰冷僵硬的土壤里长久地埋藏，得不到发育的机会。作为教育工作者必须时刻注意自己的一言一行对学生的巨大影响。如果老师没有及时发现事实的真相，后果可能不堪设想。对孩子的影响不仅仅是身体健康上的，更是心灵上的。

一位专家指出："学生心理问题，往往是感冒在学校，病毒在师长。"师生之间朝夕相处，做老师的要有一双洞察学生心灵的眼睛，注意和关心每个学生的行动，了解和掌握学生的个体差异，因材施教，正如伟大的教育家孔子所言"视其所以，观其所由，察其所要。"两千年前的古人尚且如此，我们更不能等闲视之。作为人民教师，我们要真心地走近、了解、关爱每位学生，让他们从心底里感受到春天，让那旺盛的生命力量在融融的春天里早日"破土而出"。

4. 学会赏识培养自信

　　教师教育学生的方式是多种多样的，其中表扬与批评可能是最常用的两种方式了，表扬是一种鼓舞，而不是一个蜜罐；批评是一种鼓舞，而不是一种刺激，我们既不能因为得到表扬而沾沾自喜，进而忘乎所以，也不能因为受到批评而气馁，失去上进进取之心。所以，我们在批评与表扬面前都应该有清醒的头脑，才能摆正好自己的位置。

　　适度的表扬，可以增强孩子的上进心和自尊心，从而产生一种积极进取的动力。特别是当孩子犯了错误，在严厉批评的同时，还要鼓励孩子，肯定它的积极因素，增强孩子克服困难、改正错误的信心和勇气。

　　表扬要适度，因为过多的表扬会掩盖学生的缺点和问题，累积的优越感会降低学生承受挫折的能力，使学生内心变得十分脆弱，不利于他们健康地成长与价值观的培养。在课堂教学中，教师对学生的鼓励、表扬与赞赏，应根据不同的内容、不同的对象，采用多种方法激励学生。

　　教师要尊重、赏识学生，但并不意味对学生随意进行夸奖，诸如"你真聪明"、"你太棒了"、"你回答得很好"等，这种不结合具体内容而进行的"廉价"奖励缺乏激励性，流于形式，要么对学生无法起激励作用，要么误导部分学生以为自己的回答很好而沾沾自喜，久而久之，形成听不进别人的不同意见，并导致学生不求甚解。

　　合理的批评是教学过程中的一个组成部分，当确认学生有错之后，就要对学生进行严肃批评，批评不能随便和无关痛痒，否则就会纵容犯错

误，导致影响纪律的严重性

总而言之，一味地批评与表扬都不利于学生的健康成长，教师要善于发现学生的思想火花，给予及时适当的激励，让学生的积极性得以发挥，兴趣得以调动，同时对学生的错误应及时加以纠正，让学生对错误有明确的认识，对知识的掌握有正确的理解。注意学生的内心体验，把握好分寸，符合实际地评价学生，促进学生的健康成长。

表扬和批评看来很简单，但在实际生活中很难掌握好，尤其是"适当"的尺度，需要在实践中不断地摸索，只有善用表扬与批评这两种手段，才能达到最佳的教学效果。

经典案例1

教师要善于发现学生的闪光点，做一个"美"的发现者，只有不断地发现学生的"美"，你才有机会实事求是地表扬学生。"生活不是缺少美，而是缺少发现"，这句话用到教育者身上也是适当的。繁琐的工作有时会让老师对自己的学生产生审美疲劳，忽略了学生的闪光点，错过了表扬学生的种种机会。教师要善于在平凡小事中发现学生的不平凡之处，要做个有心人，对于学生一些常见的小善举，应该在班上公开地表扬，赞扬其人更要赞扬其行为，久而久之，学生就会养成"善小亦为"的意识和举动，班上就会形成事事有人做、好人好事争相做的良好风气。

老师要善于欣赏学生，挖掘学生身上不突出的优点加以大力赞扬，这比赞扬学生明显的优点更促其上进。如果老师总是赞扬一个学生众所周知的优点，如表扬尖子生优秀的成绩。班干部负责的工作态度等等，他会觉得习以为常，甚至不以为然。所以表扬有时就失去了作用，因此老师平时要"多心"，从不同的角度挖掘学生身上不明显的特点。有一次，我在批改作业时，发现一篇写景抒情诗还配上一幅画，这是出自一个成绩优秀却冷漠的学生之手，其他学生和我从来不知道他还会画画，这一发现令我心中一动，第二天我在班上朗读了他的诗歌，更大力赞他的画工，说他做到了"诗中有画，画中有诗"，并让同学传阅其作品，事后，我建议他加入班上的宣传小组，他居然答应了。后来我发觉他慢慢变得会与人交往了，成绩也更上一层楼了。没想到，一次无意间的发现与表扬，却可以改变一个人的个性。

对平时较骄傲自大的同学，可在班上稍微表扬一下其行为即可；对于平时表现较差的同学偶然的表扬，就该大张旗鼓地进行，这样可以鼓动他的上进心。另外，不要老是表扬那几个学生，因为这样会使受表扬者产生自满情绪，也可能令某些同学产生嫉妒和反感，不利于大面积地教育学生。

苏霍姆林斯基说过："造成教育青少年的困难的最重要的原因，在于教育实践在他们面前以赤裸裸的形式进行，而处于这个年龄期的人，就其本性来说是不愿意感到有人在教育他们的。"因此批评学生更应该讲究方法和方式，才能达到教育的效果。批评学生，切忌勃然大怒，小声地批评学生，就是要求教育者尽量心平气和地面对学生的过失和错误，深入地了解其原委，找准批评的切入口，再进行批评，以尽量不伤害学生的自尊为前提。

有一天，我发现早读前15分钟，多数学生已经到位了，但是大多数人或聊天或发呆，甚至在抄作业，只有少数几个在安静地看书，这几个学生又恰好或是成绩优秀或进步很大的学生。我观察了三天并详细地作了纪录，第四天的早读，我把观察的不良现象一一列举出来，也不批评，而是点名大力表扬认真学习的几个同学，最后我说："一日之计在于晨。那几个同学为何成绩好？因为她们每天早上已经比其他同学多学了15分钟，其他同学每天比她们少学15分钟，那么一个星期会少多少分钟？一个月呢？希望每个同学都能珍惜时间！"第二天早上，我发觉早读前闲聊的人没有了，多数人在自觉地看书。"扬此抑彼法"既可以赞扬积极的行为，又可以不露痕迹地批评犯错误的学生，催其向良好的行为学习，可谓一箭双雕。

曾有一段时间，班上的明经常迟到，我软硬兼施，几乎能想到的方法都用上了，但还是收效甚微。一天下午第一节课已上了几分钟，他才气喘吁吁地在门口喊"报告"，这节课恰好是我的校级公开课，后面坐满了听

课的教师。我没有说什么，只是压住自己心中的怒火。朗读课文的时候，我本来设计另一个学生读的，突然想起明普通话很标准，声音洪亮，而且胆子又大. 何不叫他来朗读？于是我对他说："明，刚才上课时没有看到你，我心里就喊不好了，为什么呢？因为我觉得这篇文章由你读最合适了，备课的时候已经想好由你读了，不过幸亏你及时出现了，下面请你来为大家朗诵。"他听了，很意外也很高兴，他充满情感的朗读赢得了老师和学生的热烈掌声。后来，他惭愧地来为自己迟到认错，我微笑着对他说："老师的公开课受到很高的评价，其中你的功劳最大。记住，你在老师的心中是无人可替代的，希望以后能看到你准时出现在教室。"从那以后，他再也没有迟到过，想不到以前种种的批评教育无法让他改变的毛病却因为一次恰到好处的赞扬而令他改正了。"用赞美来代替批评"，这就是无痕批评的魅力，老师要在恰当的时候利用这种批评，能收到其他方法达不到的效果。

案例分析

文中老师处理问题的艺术，通过间接的话语使学生认识到自己的错误，并收到很好的效果。表扬优点，暂时忽略缺点，这种做法既可以赞扬积极行为，又可以不露痕迹地批评犯错误的学生，催其向良好的行为学习，可谓一箭双雕。对于重要公开课上学生迟到现象，老师没有严厉地批评学生，没有大发雷霆，而是设情境处理尴尬的僵局，并取得了良好的课堂效果，赢得了一致的好评。可见，用"赞美来代替批评"是一种无痕迹批评的魅力，老师在恰当时候运用此方法，能收到意想不到的效果。

表扬是对学生好的行为给予肯定的评价，并使其得到进一步的巩固和发扬。批评是对学生的不良行为给予否定的评价，目的是使学生克服缺点和错误，帮助学生明辨是非，明确努力方向。表扬与批评要做到公正合理，切合实际。当学生确实表现好时，就给予恰如其分的表扬，并进一步提出更高的要求与建议或指出他们仍然存在的不足之处，以利于在今后加以改进。滥用表扬就不能使学生感到自豪，反而容易使学生对表扬产生满不在乎和无所谓的心理状态，批评是一种消极的方法，它的副作用较大，容易使学生产生消极情绪，因此一定也要适度。

总而言之，教师在教学中要善于发现学生思想的火花，给予及时适当的激励，同时对学生的错误及时加以纠正，让学生对错误有明确的认识，促其健康成长。

赏识教育的根本是培养自信心。自信心是指个体对自己的一种态度、认识、评价和信念。较强的自信心不仅能使学生在学业上取得成功，也会为学生在日后的社会生活取得更大的成就，从而获得更多的满足为人生幸福铺平道路。不仅如此，自信心还会产生连锁反应，它可以使学生获得其他许多优秀品质，比如能很好地应付压力、具有更好的判断力等等。相反则会产生"波纹效应"（是指在学习的集体中，教师对有影响力的学生施加压力，实行惩罚，采取讽刺、挖苦等损害人格的作法时，会引起师生对立，出现抗拒现象，有些学生甚至会故意捣乱，出现一波未平，一波又起的情形。这时教师的影响力往往下降或消失不见，因为这些学生在集体中有更大的吸引力。这种效应对学生的学习、品德发展、心理品质和身心健康会产生深远而恶劣的影响），致使学生缺乏进取的动力，难以在学习上取得理想的成绩。

莎士比亚说过："自信是走向成功的第一步，缺乏自信是失败的重要原因。有了自信心才能充满信心去努力实现自己的目标。"产生自信心，是指不断的超越自己，产生一种来源于内心深处的最强大力量的过程。这种强大的力量一旦产生，你就会产生一种很明显的毫无畏惧的感觉、一种"战无不胜"的感觉。

产生自信心后，无论你面前的困难多大、你面对的竞争多强，你总感到轻松平静。课堂上教师要尽可能满足学生的学习和认识需要，使学生获得成功，增强成功的体验. 有了成功的体验，肯定了自己，相信了自己，增强了自信心，从而激励自己不断地去探索，去争取成功。为帮助学生成功，教师必须努力改革教学方法，满足学生的需要，创设成功机会，从情感维度上处理教材，使教材和学生需要相统一，在此基础上使学生的学习获得成功，从而有效调节学生的学习心向，培养学生的自信心。

经典案例2

　　开学不久的一次数学课上，我发现了她——娜娜。那天，我像往常一样提出问题，让学生四人一组合作讨论，每个学生都积极参与，课堂气氛异常活跃，当我正高兴于学生的投入时，发现娜娜一人坐在座位上而没有融入到小组讨论中。我走到她面前，她似乎发现了什么，抬起头，茫然地望着我。我对她说："来。把你的见解说给我们听听，看看你有什么好的想法？"娜娜霎时满脸通红，低下头默不作声：我立刻意识到娜娜是一名特殊的学生，对她说："是不是没想好？那你先听听其他同学的看法。"她轻轻地点点头。

　　从那以后，我就特别注意娜娜。当同学们课间在一起快乐地游戏时，她却独自坐在教室的角落里发呆；当同学们兴致勃勃地在操场上锻炼时，她只是一个人站在操场上羡慕地看着。她胆小、性格内向、不爱与同学们交往，课堂上非常安静，从不举手发言。她在学习上存在着很大的困难，使得她的性格更加孤僻甚至有些自卑。我决定帮助她克服自卑感，树立自信心。刚开始，我与她交朋友，不光从学习上还从生活上关心她。我经常对她说："在老师心里你是一个很可爱的学生。"她听了，眼里流露出一种少见的喜悦的神情。上课时，我有意地注视她，用目光鼓励她。我有意向她提一些她能回答的问题，一旦问题答对了，我就在全班面前表扬她，使她敢于对自己说"我能行"。布置作业时，我会特意布置一些适合她

　　的作业。对她交上来的作业，我都会给她注上一句简单的话，从"有进步"到"真棒"，再到"太好了"。此外。我还与她的家长取得联系，希望家长也多给她一些鼓励。这样，在老师和家长的共同努力下，她的自信心得到很大的增强。当老师提问时，她可以毫不犹豫地举起手来，这表明她迈出了可喜的第一步。渐渐地，她不再对数学曲学习感到枯燥、乏味，同时，这种学习的欲望在其他学科中也得到了延伸。我也高兴地发现她在其他方面的变化，比如同学们邀她一同游戏，她再也不是一名观众，而是大胆地与同学们一起玩耍。她再也不像一只离群的孤雁了，看到她脸

上那份自信的微笑，我感到十分欣慰。

这件事让我感触颇深，作为教师，我们应该对学生多加鼓励和赞扬，培养和增强他们的自信心。正如美国心理学家戴克斯所说："孩子需要鼓励，如同植物需要水一般"，教师的激励能引起学生强烈的情感共鸣. 产生巨大的心灵感应，从而使内在潜力得到充分发挥。确实，比起批评、责骂，适时的关心和激励具有更大的效果。遇到不自信的学生时，老师应给予更多的关心和鼓励，不仅如此，老师还应该鼓励学生多与人交往，多参加集体活动，让他们从中感受到与他人的友谊，感觉到在集体中贡献自己能力的快乐，从而在不知不觉中树立起自信。

案例分析

自信是通往成功的敲门砖，对于学生来说更是决定学生成功与否的关键，因此，在教学过程中，帮助学生赢得信心成了老师工作中的重中之重。

案例中的"我"通过平时的留心观察，发现了一个脱离群体的学生娜娜，主要原因是娜娜缺少自信，进而导致自己性格孤僻甚至有些自卑。于是"我"采取了一系列的措施来帮助她赢得自信，首先与她交朋友，在学习上生活上关心她，使她从心灵上不再孤独。然后通过鼓励的方式，使她树立"我能行"的信心。在作业批改中尽量给予表扬的评语，从"有进步"到"太好了". 她的自信心也随之有了逐渐提高。

"我"还充分发挥了家庭对学校教育的作用。动员家长也给她一些鼓励，在老师和家长的双重肯定和鼓励下，一位沉默寡言的学生终于走出了过去的阴影，与同学们打成一片，脸上充满了自信。使我们深刻地体会到作为一名成功老师的可贵之处，就是如何通过自己的实际行动来帮助学生赢得自信，从而通向成功的大门。

要培养学生的自信心，教师必须对学生充满期望，保持对学生的期望能引导学生良好的行为。心理研究成果表明，教师对学生的期望在很大程度上能促进学生自己提高。为了获得优良的成绩，教师需要传达他们对学

生的高期望值。教师要做到对学生严格要求，事实上，学生尊敬那些期望他们做得更好的老师。因此对你的学生的行为赋予期望，告诉学生什么方法可以做好，当你开始一天的工作时，把你的期望告诉学生，以此来激励学生、规范他们的行为。

经典案例3

这是著名特级教师孙建锋的精彩的教学片断：

课临近结束，一个学生谈自己的理想："我想考清华大学，但如果以后考不上清华，考上了河南大学的话，自己也一样会去上，但会更努力，争取考上清华的研究生。"孙老师听了很是激动，对他大加赞赏，说他读书读出了自己的聪明。

随后孙老师又问："你真的想考清华？"孩子肯定地回答："想！"孙老师接着说："我去年到北京学习时去了清华园，在清华园里摘了两片红叶，一片送给了我的孩子，一片自己保存着。"说着他郑重地把夹在书中的红叶拿了出来，强调道："霜打的红叶，你想要吗？"孩子答："想要！"孙老师又问："你确定我会送给你吗？那要看你怎样去接。"只见孩子踮起脚尖，举起双手去接，十分想要，但孙老师却一次次抬高自己的手以致孩子伸高双手仍够不着。孙老师又问："你为何用双手去接？"孩子说为了表示对老师的尊敬，而那清华园的红叶，也得十分珍惜。孩子是那么地执著，孙老师感动地将红叶相送，孩子满脸喜悦，此时孙老师抱起孩子说："我们拉钩约定一下，你一定要考上清华大学好不好？"老师的手指和学生的手指拉在一起，孩子自信地说："好！"孙老师又说："有信心吗？"孩子答："有。"孙老师说："这个约定你会忘了吗？"生："不会。"孙老师又问："今天是几号'如果再过六年你在清华大学读书，你会像今天抱起你的老师什么？"孩子略想后说："会给你深深的祝福。"

在这里老师尊重了孩子的感受，把孩子当作一个活生生的人，传达他们对学生的高期望值，抓住了教育孩子的最佳时机，这位学生能否考上清华已经不重要了，但他也许永远忘不了曾有个老师把他抱在怀里，对他说老师希望你能考上清华，更重要的是学生至少已经有了考入清华的自信与勇气。

案例分析

从孙老师与这个学生的精彩对话中，我们能够清楚地看到作为学习的主体的这名学生的人生观和价值观在孙老师的引导下不断地成长与完善。

在追求人生理想的过程中，学生都有自己的目标，并且都会为这个目标做不懈的努力。这名学生的目标是考上清华大学，但他也想到可能不容易达到。孙老师在这个学生理想实现的过程中，他从书中将一片清华校园里的红叶拿出并强调：他摘了两片红叶，一片给了自己的孩子，一片给了这名学生。说明老师对他和自己的孩子有同样的期待，这样在学生心中有了老师对自己的重视，更激发了学生更加努力去学习的动机，在送红叶的时候，老师特意强调了叶子为霜打的红叶，并要看学生接红叶的方法，这个叶子代表了老师的期待，学生的理想。"想要"说明孩子对理想的追求，双手去接说明对理想的真诚，老师在这里很好的用自己的期待让学生更加完善自己的人生观，可以想像老师对自己的期望和信任一定会成为这位学生学习的最大动力，这恰恰体现了新课标中关于对学生情感教育的目标，真正体现了语文学科的"人文性"。

5. 宽容，人性美丽的花朵

宽容是最美丽的一种情感，宽容是一种良好的心态，宽容也是一种崇高的境界，能够宽容别人的人，其心胸像天空一样宽阔、透明，像大海一样广浩深沉，宽容自己的家人、朋友、熟人容易，因为，他们是我们爱的人。然而，宽容曾经深深伤害过自己的人或者自己的敌人，即:" 以德报怨"，则是最难的，也是宽容的最高境界，这才是人性中最美丽的花朵。

宽容是心理养生的调节阀。人在社会的交往中，吃亏、被误解、受委屈的事总是不可避免地发生，面对这些，最明智的选择就是学会宽容。宽容是一种良好的心理品质；宽容是一种非凡的气度、宽广的胸怀；宽容是一种高贵的品质、崇高的境界；宽容是一种仁爱的光芒、无上的福分；宽容是一种生存的智慧、生活的艺术。它不仅包含着理解和原谅，更显示着气质和胸襟、坚强和力量。一个不会宽容，只知苛求别人的人，其心理往往处于紧张状态，从而导致神经兴奋、血管收缩、血压升高，使心理、生理进入恶性循环。

生活中我们每个人难免与别人产生摩擦、误会、甚至仇恨，这时别忘了在自己心里装满宽容。宽容是温暖明亮的阳光，可以融化人内心的冰点，让这个世界充满浓浓暖意。

宽容是甘甜柔软的春雨，可以滋润人内心的焦渴，给这个世界带来勃勃生机。宽容是人性中最美丽的花朵，可以慰藉人内心的不平，给这个世界带来幸福和希望。

社会生活如此，课堂上亦然。面对那些单纯、可爱的学生，我们没有理由去责备他们、苛求他们，而应该以一颗宽容的心曲爱护他们、鼓励他们、温暖他们。

"严师出高徒"是中国基础教育的一种传统文化和传统观念，这个"严"不应该排斥教师对学生的包容和理解，"严师"应该是严格而不严厉，而教师对学生的"包容"当然不是放任自流，必须校正学生不良的学习和生活习惯，要严在当严处，爱在细微中，要把包容心和责任心贯穿教育的始终。包容也绝不等同于教师对学生缺点或错误的一味"纵容"，不是教师对待学生的软弱无能，而是对学生的不足、缺点甚至错误的包容、理解和原谅，是对学生能够克服困难、改正错误、提高学业成就的信任，更是对学生发展缓慢的一种等待、期待。教师的包容是学生自信心的保护伞，是学生发展的一种动力，为学生的成长留足了自主反思的空间。

经典案例

在多年的班主任生涯中，经常遇到一些性格特殊的学生，他们共同的特点就是独立意识强，不易接受别人的意见或建议，凡事从自己的角度考虑的多，站在对方的角度考虑的少。在面对老师的管理时，他们很易冲动，往往会发生正面的冲突。在这些学生身上，即使教育起了作用也很容易发生反复。这样的学生会使班主任感到头痛，处理不好也会在班级管理中产生很强的负面作用。

那是一个深秋的早晨，我刚一上班，值周老师就来"告状"："你班的小杰太不像话了！"我心中一惊，小杰是我们班有名的"调皮大王"，经常在老师或班干部安排工作时唱反调，以前也有几次对老师不礼貌，曾因辱骂老师受过警告处分。但经过我苦口婆心地做工作，最近已经大有进步，不知又做了什么"惊天动地"的事会把老师气成这样。我连忙问："出了什么事？"值周老师向我讲述了昨天晚上发生的事。

原来，昨天下午放学后，小杰并不是值日生，却迟迟不回寝室，在值日生拖地时不停捣乱。值周老师进行劝阻时他很不以为然，称自己在和同学开玩笑，根本没有"不尊重别人的劳动"，认为值周老师多此一举。在老师离开不远时，他竟然出口不逊，甩出一句"你懂个屁"，并在老师叫他回来时装作听不见，扬长而去。

我听了这事后很生气，在向值周老师表示歉意的同时，真想立即到教室把这个惹是生非的小子揪出来。小杰以前所犯的错误还历历在目：前些天，小杰在自习课时，因为老师说话的声音大了一些，就当众说老师"真没礼貌"；在我外出由别的老师代理班主任时，他对老师说"你也不是班主任，有什么权利管我们？"不过我感觉经过耐心细致地引导，他的处事态度方面大有好转，许多老师都说有进步，难道以前的教育心血全都付之东流？转念一想，冰冷的物体尚有惯性，何况活生生的人呢？学生犯错误，尤其是习惯性的错误，做老师的，做家长的，应该有发生反复的思想准备，绝不能够急于求成或丧失信心。不管别人怎么看，依我对小杰的了解，他虽然固执、冲动，但却也是一个有正义感、知错能改的好学生，我相信他在事后应该有所醒悟。我过早介入此事未必能达到最好的教育效果，还是等一等吧。但我还是让班长把话传递给他：我相信他自己能认识到自己的错误，能处理好自己的事。

果然，第三天，值周老师告诉我，小杰已经真诚地向她道歉了，并感谢我所做的工作。我说，其实我什么也没有做，我只是做到了等待和宽容。我有的只是对学生的信心和耐心。

在当周的班会课上，我还在全班同学的面前表扬他知错就改的好品质，并说老师认为他在学习上的潜力很大，相信他在学习上也会令人刮目相看，那一晚，我看到了小杰眼中闪闪发亮的泪珠，那是被人信任后激动的泪水。

在以后对小杰的教育中，我也始终把信任放在首位，小杰在信任中逐渐成长起来。

案例分析

面对小杰对值周老师的无礼，老师没有急着批评小杰，也没有给予他严厉的惩罚，而是以一颗包容的心来对待这件事，并坚信小杰是个好学生，他能意识到自己的错误并及时改正。老师的宽容换来了小杰的幡然醒悟，同时也使他感受到老师的良苦用心和无私的爱。

经典案例

曾听到过这样一个故事：有位叫史蒂芬·葛雷的医学科学家，当记者问他为什么比一般人更有创造力时，他回答，这与他两岁时的一件小事有关。

有一次，他尝试着从冰箱里拿出一瓶牛奶，因瓶子很滑，他一失手，瓶子掉在地上，牛奶溅得满地都是——像一片牛奶的海洋！他的母亲来到厨房，并没有对他大呼小叫、教训或是处罚，她说："哇，你制造的混乱可真棒！我还没有见过这么大的奶水坑。牛奶反正已不能喝了，在我们清理以前，你要不要在牛奶中玩几分钟？"他的确这么做了，最后在与母亲一起清理完厨房后，他母亲又说："如何用两只小手拿大牛奶瓶，你已经做了一个失败的实验。来，让我们把瓶子装满水，看看怎样才能拿住它。"小男孩很快就学会了，用双手抓住了瓶颈，就可以拿住它不会掉。

由此可见，错误对孩子来说常常是学习新东西的机会，所以不要害怕学生犯错误，怕的是老师无包容之心，不能抓住机会用正确的恰当的方法对有错误的学生给予引导。

上自然课了，我来到教室前，平时安静的教室，今天居然是一片笑声。我不动声色地走到教室门，见教室上空还飞着两只纸飞机，黑板下的地板上还躺着几只纸飞机，平时爱出风头的两个学生边笑边舞着手，领着全班同学观看。"自然老师来了！"有人看到了我，小声地提醒其他人，教室里迅速安静下来，那个带头的学生直到旁边的人用手捅他们，才慌慌张张地停下。

当时我恨不得马上把他们狠狠批评一顿，但在走向讲台的时候我改变了态度，我捡起讲台边的纸飞机，清了清喉咙，笑了笑说：''正在举行飞行大赛呢，瞧这架飞机折得多精致呀，关于飞机，同学们都知道哪些知

识呀？"

我话音刚落，学生们便议论了起来，"飞机是由机身、机翼组成的。""飞机是莱克兄弟发明的。""飞机的形状很像鸟类，人类可能是从鸟这种动物的身上得到了启示从而发明了飞机。"……"人类正是在鸟这种生物的启示下，经过反复实验，发明创造出了飞机，实现了在天空飞行的梦想。除了鸟之外，自然界里的许多生物，都有着奇特的本领，给我们人类的发明和创造带来许多灵感和启示。通过今天这堂自然课的学习，也希望你们获得灵感和启示。"我自然而然地导入今天的课文《生物的启示》。

案例分析

如果老师当堂把那两个带头淘气的学生狠狠地批评一顿，如果当时老师把那两个学生送到班主任那里，如果……，正因为老师的包容，教育了那两个学生；也是老师的包容，让这群孩子知道了知识的重要。

在教学过程中，宽容体现在对学生的教育上。教师处理问题要有余地，但并不是无原则的放任自流，教师对有过错的学生应因势利导，要用宽容的心教育学生，人非圣贤，孰能无过。学生因缺乏自控力而犯错误，这是人成长过程中必然出现的一种现象，从某种意义上讲，成长的过程就是犯错改过的过程，宽容学生的错误是理解学生爱学生的表现。宽容是一种无声的教育。它的教育力量常常超出我们的想象，在这个课例中，这位教师以一种积极有效的高层次的教育态度包容了学生，让孩子们知道了知识的重要，更有胆识直面错误，改正错误，尝试新的事物。

如果说"没有教育不好的学生"是唱高调，那么"没有不能教育的学生"则是实实在在的道理。尽管中学生逐渐接近成年，但他们毕竟还是孩子，孩子的天性就是渴望独立，就是会犯错误。班级不可能不出问题，学生也不可能不犯错误，如果问题出在班风或学风方面，就必须特别重视。而对一般性的问题，要适当"容错"，只要学生意识到并努力改正就行了。

对学生严格要求，不放松常规管理，但绝不是管得越严越好、跟得越紧越好。对于高年级学生更应该这样，否则可能会引起学生的逆反心理。

优秀教师课堂氛围营造的艺术

教育首先是服务，管理首先是尊重，相处贵在信任。有些班主任坚持一切班务都和班干部商量，和学生商量，既讲原则，又要充分听取学生意见。大到自主管理各岗位的设立、确定人选、各项活动的安排，小到值日组的调整、座位的调整、寝室的分配等等，都是和学生商量完成的。要充分相信学生，逐渐从事无巨细中解放出来，从早晚跟班中解放出来，不要总怕出事，如果什么事情都不出还要班主任干什么？在循规蹈矩之中培养教育出的学生一定缺乏创造力。

教育时机的把握非常重要，这就像烧菜的"火候"或军事上的"战机"，往往稍纵即逝，而把握住时机则可收到事半功倍的效果。

经典案例

一天中午，一个学生告诉我班上的明又借同学的钱不还。我一听，气得血直往脑上涌。怎么回事，明借钱不还这个坏毛病已经不是两次三次了，也没少对他进行教育，真是屡教不改，烦死人了。然而，等我冷静下来，又感到也许不能这样就事论事，做简单化处理。

新学期开学才一个月，班里就有几个学生反映，明借他们的钱几个星期过去了还不还。乍一听，我感到十分惊讶，现在许多学生生活条件都很不错，一个十四五岁的孩子，竟然到处借钱不还，莫非他品性不好？于是，我马上把他叫到办公室。一开始他还是抵赖，见我严肃地说出了几个同学的名字，他才低下了头，承认了借钱未还的事实。我问他借钱干什么？只见他的头越来越低，说话支支吾吾，有时甚至不吭声。这时我更火了，嗓门也大了，他见我态度更严厉了，就低声说："几次没吃饭，借钱买东西吃了。"我又追问："那你借了钱，为什么不还人家？"他回答的声音更低了，说是家里没钱，也不敢向家里要，说着竟伤心地哭了起来。

这时，刚好想起了上课铃，我想这个问题不应草率处理，应该仔细了解一下，于是我说："你也别哭了，把脸擦一下，先上课去。"

事后，我仔细翻阅了学生登记表家庭成员一栏，吃惊地发现明没有父母，家中只有一个下岗的祖父。每月靠他祖父两百多元钱来补贴生活，明

也只能有一餐没一餐地生活。这使我想起新学期开始时，他的爷爷来给明送伞的情景，老人瘦弱的身体、破旧的衣服又浮现在我眼前。事情的真相弄清楚之后，在下午放学前，我又把明叫来，我没有训斥他，而是和他谈他爷爷的事。最后我问他一共欠了同学多少钱，他说共32元。我连忙拿出32元钱塞到他的手里，说："现在你马上把这些钱那去还给同学。"起初他不肯拿，但我再三说，就算借老师32元钱，以后有机会再还给老师，听了这些话以后他终于接了钱，连说谢谢，还说他以后一定改掉这个毛病。

过了一个多月，一天，又有学生来说，明老毛病又犯了，借同学的钱又不还了。我又一次把他请进了办公室。这一次我没有发脾气，心平气和地问他为什么说话不算数。他非常委屈，说作业本用完了，就借了2元钱去买，但这几天爷爷病了，他不敢向爷爷开口。我说以后这种事，应该来找老师解决。我又给了他2元钱，让他还给同学。并说几元钱是小事，但我们不能人穷志短，不能要无赖，要守诺言，讲诚信。

这以后，明学习特别用功，集体的事也主动抢着做。第二学期开学时，他高高兴兴地来到我办公室，从口袋里摸出一卷套着橡皮筋的钞票递给我，说："老师，谢谢你！"还自豪地告诉我，这钱是他在寒假给人家帮工赚来的。此时的我，非常激动，眼眶里有点湿润。见他高兴的样子，说："老师不等这钱用，你自己留着吧。"但他却坚决不依，还说："老师教育我要讲诚信，我这算是讲诚信了吧。"听了他的话，我见他这么高兴，也欣慰地笑了。事后，我想，假如我当初没有给他改错的空间，真不知道他现在会是什么样子。

案例分析

学生之间借钱的事时有发生，借钱不还就是违反常规的事。然而面对这种事情，千万不能就事论事，简单粗暴地解决。世界上发生的事情是复杂的，是由各种因素造成的，如果不去找出隐藏在事情背后的缘由，不但无助于真正解决问题，而且还会给该事情相关的学生造成伤害。作为班主任，从育人的角度出发，关注学生健康成长，这是不可推卸的责任。当然老师绝不是救世主，对学习、生活上一时有困难的学生提供帮助，可以看作是对他们爱心的发扬，但是发扬爱心不是目的，从本事例来看，让学生养成诚信才是教育的目的。事无巨细，只要抓住一件，就要落实一件，这就是老师的工作职责。

第五章 营造和谐课堂

6. 给学生足够的时间与空间

现代教育的核心是给学生自由发展的空间，解放学生的个性，在自由与解放中培养学生的探索。在课堂上，要尽量让学生多参与，给他们创造时机，营造自由学习的空间，应该给孩子更多的自由活动和想象空间，去发挥自己的特长，表现自己的个性。根据教学内容机动教学时间，拓宽教学空间，在教学中，应该引导孩子用自己的眼睛去观察大自然中的一切事物，而不是把我们成年人眼中观察到的东西，强加到他们身上。少给孩子条条框框束缚的东西，少一点示范性的东西，多给孩子一点自由的想象空间，教给学生观察分析事物的方法，逐步提高他们的观察能力。

要将学习的时间与空间还给学生，尽可能地给他们提供更多的学习机会，最大限度地激发他们的学习兴趣，激发他们的创造力。让他们有比较充分的时间和空间进行自主学习、独立思考。学习是学生的个性行为，学生是学习和发展的主体。在当前全面推进素质的形势下，提倡自主学习、独立思考、合作探究的学习方式是培养创新能力的重要举措。

经典案例1

去年接了一个新班，班里有几个"问题生"。其中剑南的问题最为严重。全班学生和老师对他都很发愁。

当我对他们有了比较全面的了解后，针对性地制定了详细的教育方案。这些方案总的指导思想是要给他们足够的空间，给他们足够的宽容，以腔热情把他们引到正确的方向上来。

开学不久，先是剑南的同桌要求调换座位；不久，周围同学也开始对剑南不满；几位任课老师也都向我反映了剑南的"不轨行为"。一次晚自修剑南又在走廊打闹，我趁机把他请到办公室。

我问："玩呢？"（他不做声）

"开学一个多月了，感觉怎么样？"我又问。

"还好。"他回答。

"精神很好嘛，好像身体也不错啊，足球踢得很好吧？"我夸奖道。（他有点不好意思）

我又问："你是怎么看自己的？"

他想了想说："我上课接老师的话，好讲空话，老师和同学都瞧不起我。"

我说："同学、老师说你总是捣乱，你怎么看？"

他马上辩解："我不是故意捣乱，我就是喜欢说话。"

"那也影响了课堂纪律啊！是不是呀？"我问。

"是啊！我改。"（他好像信心很足）

"那怎么改呢？我问。

"慢慢改吧。"他慢悠悠地说。

"那得多长时间？"我又问。

他说："我也不知道。"

"你看这样可不可以，你和同桌配合一下，我和其他老师也讲讲，把你一节课讲空话的次数记下来，每天要比前一天少一次，如何？"

他说："试试看吧，我一定改！"

剑南没有食言，在以后的日子里，随着讲空话纪录的次数逐渐减少，他的这个缺点真是改了不少。

对剑南这样的学生，新学年是他们最好的契机，也是老师教育的最好契机。

后来剑南告诉我，我和别的老师不一样，服我！

从那以后，剑南上课"捣乱"少了，学习成绩也在逐步提高，变化最明显的是精神特别好，对老师特别有礼貌，只要是老师，老远就问好，还成为年级的表率。当然问题还很多，像值日早早就跑得无影无踪，在教室乱跑等等。

一天，同学告诉我，讲桌不知谁给弄了一个大窟窿。我去一看，可不是。我问："谁的杰作？"

"我不小心撞坏的。"剑南说。

"什么部位能把讲桌撞出窟窿来"我看着他问。

"我帮老师安装投影仪的时候，太粗心了。把桌角碰了一个大窟窿。"剑南怯生生地回答。

不少同学在一旁幸灾乐祸。"噢，原来是帮老师干活弄的。好了，你先用透明胶带粘一下。以后小心点。"我语重心长地说。

下午还没有上课，一个同学跑过来说，剑南又把他的桌子弄坏了。

我去教室一看，果然那个同学的课桌后面的胶合板掉下了一块。

"你弄的？一天之内，连中两招啊！"我看着剑南说。

"我的衣服挂在了他的桌子上。"剑南说。我一看，他的衣服真的开了一个大口子。

原来是这样。"在教室里，行动要小心些，你看要是把你的皮或别人的皮扯下一块就麻烦了。明天中午把桌子抬到维修组修一下，如果需要赔钱的话，你们协商一下。"剑南一个劲地点头。

不久，剑南又犯事了，而且是打架。当时我想，最近，剑南应该是比较克制的，在班级的表现我还是比较满意的，如果真的寻衅滋事，可得修理修理他了。

后来，德育处也把事情调查清楚了，放学回家的路上，另一班的几个同学对着他喊"武大郎，吃粗粮"，起初，剑南保持了克制，剑南的嘴可真是油，那几个说不过他，几个人一起上，把他按倒在地上。我在班上向同学们通报了这件事，还把没有出手的剑南表扬了一番。事后剑南的日记很让我感动，他说因为他使班级被扣分，使到手的流动红旗擦肩而过，心里十分愧疚。对不起老师，对不起全班同学。

但万没想到的是剑南的爸爸看了日记后，认为儿子被人无端打了，还对不起老师。马上投诉到学校，并扬言，决不罢休，还说要带人来学校劈了那几个学生。校办通知我尽快做家长工作。

第二天，我和剑南的家长进行了交流，他的爸爸也提高了认识，没有惹事。我也明白了，剑南的性格和他的成长环境有关，对剑南的教育是一个综合效应。学校能解决的问题毕竟是有限的。

之后我和剑南交流这件事，剑南说："我爸没上过学，动不动就动粗，我说不要给学校打电话，他非打。"

我说："你爸这是心疼你。"他不说话。

其实在开学不久，我就发现，造成剑南行为习惯的原因除了家庭之外，还有由于剑南出手很快，作业常常在很短的时间就完成了，写完作业，没事可做，就和周围的同学讲话，慢慢就形成了说话的习惯。

我想，该引导剑南读书了。几次交流之后，我发现，剑南对《三国演义》非常感兴趣，于是，我给他推荐了一本以三国说管理的书。他看了之后问我有没有原著，于是我给他推荐人民文学出版社的有注释的版本。几天后，他和我说："没文化就冲动，像张飞，有文化了就能用计谋胜过别人，像诸葛亮那样。"

我想他是看出了门道，我和他讲，你准备一下，给咱们班同学介绍一下《三国演义》。他准备了一周，最后竟弄出三个主题。

三国英雄谱：内容主要包括董卓、吕布、赵云、关羽等人的兵器、经历、基本战绩等；

智慧人物榜：内容主要包括诸葛亮、曹操、周瑜等人物的经典故事；

冲动人物榜：主要讲张飞的。

这件事情之后，剑南在班里的威信也建立起来了，他对自己有了信心，学习成绩提高很快。而且因为读书的时间多了，讲话、乱跑的时候就少了。

案例分析

对于剑南的教育，我采取了表扬的方式，淡化了他是差生的意识。我

第五章 营造和谐课堂

和剑南谈话时，也有意做成无意为之的样子，我是尽量做到教育无痕。

只要学生惹了事就无情地批判或处分，对孩子的成长是不利的.剑南是有点顽皮、爱动，但如果不是他故意的破坏行为，属于无意为之，说清楚也就是了。当然应负的责任.他是应当承担的，那也是对他的一个教育。

造成学生某些行为的原因可能有多方面的.老师不应就事论事，单方面看问题，要多角度，多层次地看。不应把事情都泛化为道德问题。习惯可以慢慢培养，学生的性格不应强求改变，否则可能导致学生的性格扭曲。

学生在成长的过程中，需要老师具体的引导，尤其是他们的读书生活。我们一再抱怨学生不读书，其实学生也想读书，只是不知道该读些什么书，怎样去读。所以，我们应用宽容的态度给学生留下成长的空间，我们更应去开拓他们精神成长的空间。

经典案例 2

在课堂上我努力营造一种宽松的氛围，使学生能更好地进行创编活动。上《粉刷匠》这一课时，我让学生自己为歌曲配动作，想不到学生编得还真不错。我选出了一位特别好的学生，让她当小老师来教给其他同学，孩子们学得很认真、很开心，学生的思维得到了发展，同时，也增加了学生的学习积极性，尤其是那位当小老师的学生，脸上洋溢着灿烂的笑容。我相信，在以后的音乐课上，她会更加投入地学习，会编出更好的动作。

教师只有正确树立学生主体地位，给学生一个"心理自由"的氛围，一个自我表现的空间，才能激发学生潜在的创造力、想象力，使他们成为学习的主人。

案例分析

让学生学会解决一个问题的能力远远要比让他们去牢记 100 个问题的

答案来得重要。在课堂中教师当然要传授知识，但更重要的是通过知识的传授去激发学生的主动性、自主性和创造性。要做到这些，教师必须千方百计地拓宽孩子自主学习的时间和空间，把学习的主动权还给孩子本身。案例中这位音乐教师在教《粉刷匠》这节课时，充分认识到了低年级学生好动这一特点，根据这一特点，老师安排了让学生自己为歌曲配动作，并且还选了特别好的学生，让她当小老师来教其他同学，这样的课堂教学显得很"活"，打破了传统的老师讲，学生听的"满堂灌"和"填鸭式"的教学模式，充分体现了"学生为主体，教师为主导"的教学理念，同时也激发了学生潜在的创造力、想象力，使他们能够真正地成为学习的主人。此过程的设计不论是在激发学生参与学习活动的兴趣，还是在巩固前面整理过的知识点上，都是非常有效的。

经典案例3

撕纸是孩子的天性，也是他们最喜欢的游戏，听着撕纸的声音，看着撕得宽宽窄窄、不成样子的纸条、纸片，他们觉得是一种莫名的享受。因此在讲撕纸游戏一课时，我力求找回他们幼时的乐趣，还学生们一个自由空间，让他们插上想象的翅膀，在老师的引导下，展翅翱翔，享受撕纸带来的乐趣。

上课铃响后，我穿着纸做的衣服走进课堂，同学们都惊喜地叫起来："好漂亮呀。"这时，我抓住时机问同学们："老师今天有什么特别之处呀？""您穿的衣服是纸做的。"同学们都抢着回答。接着，我把纸衣服给一名同学穿上，"你们看他头上还缺一顶帽子，老师再给他撕一顶帽子，你们说好吗？"大家都很赞同。"但是，老师不知道做一个什么样子的，谁来设计一项？"一个同学说："老师，您撕一个小白兔样子的，长长的耳朵多好看。"

于是，我照着那同学说的撕出一个小白兔帽子，给同学藏在头上。这时，我便问："老师撕的时候，谁看清了我是怎么撕的？"同学们便你一言我一语地议论着。

"老师您的两只手挨的很近，撕的宽窄都差不多。""对了，同学们观察得很仔细，撕纸是我们最爱玩的游戏，你们用手里的纸像老师这样撕一撕，看看有什么感觉。"大家都尝试起来。接着，我提出要求："今天，我们不能像以前那样撕着玩了．老师想让每位同学当小小设计师，分组比赛，每组选一名'模特'，其他同学给他做衣服，但是，你们不能用剪刀，看哪一组设计得既新颖又大方。"命令一下，同学们都行动起来，各种报纸、彩纸、挂历纸都派上了用场。大家分头讨论，各自出谋划策，作自家打算。课堂非常活跃，每个人边做边想，紧张而不忙乱。从头饰到衣服每组都有自己的特点，有的头饰做成小动物形状、有的撕成假发、还有的撕成高高的厨师帽。衣服就更是丰富多样，民族式的、戏服式的、裙式的等等。有的还配上了小书包、小手套，颜色鲜艳美丽极了，最后，"模特"们还进行了表演，纷纷展示了自己的作品。

通过小组合作，给同学们创造了一个平等竞争的氛围，还同学以时间和空间，让其在开放的课堂中实践、创新，获得了成就的机会和体验，享受到了创造的乐趣。

下课了，同学们穿着自己做的特殊服装在校园里游戏，其他的同学都投来新奇而美慕的目光，大家每个人的脸上都露出了自豪的喜悦……

案例分析

全课以"撕纸"为主线串连起来、知识、技能、过程、方法、情感态度与价值观等三维目标的达成都达到了比较理想的程度，全课营造的学习氛围比较轻松活泼。在课堂上，这位教师让学生自主参与学习活动，给他们创造时机，营造自由学习的空间，给孩子更多的自由活动和想象空间，去发挥自己的特长，表现自己的个性，这位教师抓住学生喜爱撕纸的天性，首先，穿上自己排的衣服进入课堂，激起学生的好奇心，让学生也产生要自己撕纸来帮自己做衣服的欲望，然后教师在学生的撕纸过程中作适当的示范和指导，让学生撕出各种各样类型的帽子、衣服等等，并且在最后让学生作为"模特"进行表演，展示自己的作品，这样的教学过程让学

优秀教师课堂氛围营造的艺术

生自己动手。通过小组合作，给同学们创造了一个平等竞争的氛围，还同学以时间和空间，让其在开放的课堂中实践创新，获得了成就的机会和体验，享受到了创造的乐趣。

　　自由是人们普遍追求和向往的一种权利，是一种免于恐惧、免于奴役、免于伤害和满足自身欲望、实现自我价值的一种舒适和谐的心理状态。因此，优秀的教师应该给予并保障学生的这种权利，留给学生足够的空间，让学生充分展示自己。

第五章　营造和谐课堂

7．虚心接受学生的建议

我国传统的教学观念根深蒂固，"一日为师，终身为父"一句道出了学生对教师的尊重，但另一方面也拉大了老师与学生之间的心理距离。学生会觉得老师永远是对的，老师不应该犯错误，犯错误的老师没能力等等，其实，"人非圣贤，孰能无过？"而老师也有一种高高在上的感觉，认为自己不应该犯错误，并且害怕在学生面前失去尊严、丢掉面子，就怕听到学生对自己的不满和批评，听到后也不能正确对待。总是妄图通过高压政策，让学生怕自己，服从自己。这些不正确的观念，在学生和老师之间架设了一堵厚厚的墙，无法逾越。我们的教育应当是民主、平等、理性的，不是高压，不是逃避，不是逞英雄。老师要试着跟学生交朋友，倾听学生的心声，接受学生的意见和批评，跟学生共同进步。

经典案例

上学期，班里接二连三出现了不少问题，如早操迟到，自修课吵吵闹闹，作业拖拉或干脆不交，抄作业现象屡禁不止等等，与其它班级相比，我们班学生明显好动、顽皮，面对这一大堆情况，我深深地感到不安和烦躁，由于自己心情不好，再加上学生频频犯错误，我常常采疾风暴雨式的批评，激烈过火的话说了很多。然而班级情况只是表面上稍好一些，实质上并没有大的改变。

有一天，突然读到学生的一篇周记，其中有一句话引起了我的深思：班主任天天都找理由骂人，虽然心理知道班主任是为大家好，可就是受不了。

我领悟到：在教育学生时，要和他们处在一个平等的位置上进行谈话，这样才有利于沟通，才能更好地了解学生，帮助教育学生。

我决定召开一次以"沟通"为主题的班会。

为了消除学生对我的顾虑，为了让学生都能讲心里话，我特意把班长、团支书找来，让他们去做同学们的工作，并让他们转告其他的同学：班主任以人格担保，绝不会对说真话的同学进行打击报复，请全班同学监督。

我一再告诫自己：这次无论学生怎么说，说什么，我都要微笑面对。即使学生言语过激，也要耐心听取。

主题班会如期召开。首先是班长、团支书发言，我都给予了真诚、耐心地回应。当学生们确信我是真心接受他们的批评意见时，他们的发言越来越踊跃，很多学生把平时压抑在心底里的话都说出来了。

学生1：："为什么不让我们在业余时间看电脑游戏书？要知道这是一个电脑时代。再说，我们也不见得会'走火入魔'。"

学生2："有一次在自修课上，我前桌的班干部和我讲话，你来的时候正好看到我在说话，你问也不问就把我叫出教室，在门口狠狠地骂我，而对这位班干部却连一句批评的话都没有，我不服你。"

学生3："我的手机丢了，我不想说，也不敢说。因为按以往的教训，跟你说了，你反而会骂我，说我违反校规带手机，丢了是活该。因此，我不信任你。"

学生4："你说我和菁的交往超出了一般男女同学的范围，我们一点儿也没有啊！我们是好朋友的关系，我们坐在一起常常在讨论学习问题，根本不像你想象的那样。"

学生5："你说话老伤我们的自尊心。例如：每当我们考试成绩不理想时，你总说一句口头禅，你们这批人太差了，笨得跟什么似的，根本不能跟我以前教的学生相比。难道我们真的不如他们吗？难道你不能说一些鼓

励的话给我们听吗?"

学生6:"有的同学乱扔纸屑或大声关门,你就说'素质太差'!"

学生7:"你每天都有理由骂同学,很少听到你的表扬。"

······

从学生们的话语中,我悟出了学生对班主任的要求:①平等待人;②工作细致周到;③先调查研究再下结论;④说话要讲求艺术性;⑤多鼓励,少批评等。

这次主题班会开得十分成功,从这以后,我发现班级情况有了很大的转变,尤其使我高兴的是,我与学生们的距离缩短了。

案例分析

这次活动让我认识到,以前最失败的事是对学生缺少关心、爱护、宽容和赞扬,缺少与他们的沟通。而让我倍感欣慰的说是,在此次活动中,学生对我说了实话,让我悟出了一个道理:要做好一名,必须树立以学生为本的思想,事事处处要讲科学、讲方法、讲策略、讲沟通,千万不能由着性子不分青红皂白地批评学生。在班级工作中应多一些鼓励、表扬,少一些说教、批评;要站在学生的角度想问题,严于律己,宽于待人,在民主氛围中进行思想教育;要营造学生人人敢说话,敢说真话的氛围;要以爱学生的心态投入到学生中去,既要立威,又要关爱,爱是做好一切事情的润滑剂。

更重要的是,老师要敢于让学生讲真话,敢于直面学生的批评,给学生创造说心里话的机会。当学生的怨气得到了宣泄,你的诚恳态度打动了学生,学生会更愿意接受你的教育。你会发现自己在学生心中的地位非但没有降低,反而赢得了学生的信任。

第六章　利用教学资源丰富课堂

凡是有利于教学的手段方式资料都可以叫教学资源。

教学资源的开发与利用是课程实施的前提，能否合理开发与恰当使用教学资源直接影响着教学效果。教材是最主要也是最重要的教学资源，这是不容置疑的。然而，随着课改的不断深入，大家已经意识到教学资源不能仅仅局限于教材。因此，教师既要用足、用好教材资源，又应该有意识地挖掘和利用身边的资源，使教学课堂变得生机勃勃、异彩纷呈。

新课程的科学课堂更讲究教师对教学资源的开发与利用，所以，一些教师的课堂教学资源的种类与数目往往非常丰富，这样使一节课的容量更大，大大提高了教学的效率。

由于讲究充分利用身边事物作为教学资源，被广泛应用在科学课堂上的教学资源有如下几类：一是课堂内所陈设的一切事物，甚至包括教室中的师生；二是学生生活世界里的熟悉事物；三是学生熟知的近期发生的国内外重大事件及热门社会事件；四是有趣的典型科学实验或具有与生活经验相悖的现象的实验；五是教师自行设计的能引起学生极大学习兴趣的事物。

面对大量教学资源的运用，我们应该注意对优质教学资源的选取。一方面我们要不断地开发新资源，以使课堂教学资源更加丰富、新颖而富有吸引力，同时，我们也要舍得"放弃"，使我们的课堂教学资源更加"精"，更能切合教学内容的实际，更能准确地达成教学目标，更能有系统地帮助学生建构系统的科学知识结构。

优质的教学资源一般应具有以下特点：

1. 科学性　教学资源是教学的素材，其内容要能准确地反映教学的本质，即具有科学性。

2. 实用性　教学资源要力求简单实用，真正体现为教学服务的特点，其内容要与教学知识相吻合，避免走入"情境秀"的误区。

3. 趣味性　心理学认为：每个人都对新鲜、有趣的事物感兴趣。教学时，要尽量选取学生感兴趣的内容，创编有趣的问题情境，化平淡为精彩，化平庸为神奇，把课堂演绎得生动活泼，情趣盎然。

4. 针对性　教师要根据学生的认知特点，增强教学的预见性，有针对性地安排教学内容。

5. 挑战性　教学内容要有一定的思维含量，对学生具有一定的挑战性，但难易应适度。

下面向大家介绍一些利用教学资源丰富课堂的案例。

1. 使用多媒体课件，教学新手段

　　随着时代的发展和科学技术的进步，越来越多的现代化教学手段被应用到教学过程中，如多媒体课件、实物投影仪以及电子讲稿等，为教学活动打破时间和空间的限制，形象具体、生动活泼地表现教学内容，为实现教学的最优化提供了条件。计算机多媒体教学也已走进学校、走进课堂，最初被用在优质课和示范课上，现在已向日常课堂教学迈进。

　　心理学研究表明：记忆，是过去经验在人脑中的反映，同时用视觉和听觉两种器官接受信息，比单独使用其中一种器官接受到的信息记忆效果要好。教师使用多媒体技术不仅能培养学生的观察能力和学习兴趣，激发学生的探究兴趣和求知欲望，还能提高学生对知识的记忆程度。多媒体课件形象生动、感染力强，促进了教学优化，提高了教学质量，对教育教学具有深远而重大的现实意义。

　　多媒体具有无与伦比的优势。它具有极强的直观功能，可以真实的再现感性材料，使抽象语言描述的人、事、物、景等在学生的头脑中形成一幅幅鲜明生动的画面，如见其人，如闻其声，如临其境，从而达到启发思想、启迪思维、培养感情、激发学习兴趣的目的。并且，在多媒体这个魅力无限的教学工具面前，所有的教学重点、难点都显得微不足道。只要我们动一动脑子，点一点鼠标，敲一敲键盘，精心制作一份多媒体课件，就可以让难点轻松展现，让教学如鱼得水，让课堂活跃精彩！孔子说过："工欲善其事，必先利其器"，因此，我们教师要充分利用多媒体课件，使

我们的课堂更加丰富多彩。

经典案例

广州市第 108 中学肖栁芳老师备课"物质构成的奥秘"一——"离子"时犯难了，因为该课内容较为抽象，是教学中的一个难点，如果只用文字描述电子的运动可能只会"越描越黑"。如何把这堂课上好呢？

肖老师突然灵机一动，想到了多媒体。以多媒体课件的形式不就可以形象地展现原子的结构和电子的运动规律吗？心动不如行动，肖老师立即从四面八方搜集资料，精心设计。工夫不负有心人，一份图文并茂、声视并存的课件终于展现在了肖老师面前。这时，肖老师"呵"了一口气，不再为这个难点发愁了。

这天，肖老师带着多媒体课件，满怀信心地走进教室。她从复习旧知识，创设问题情境开始导入课堂，并向学生提出两个问题："构成原子的粒子有哪几种？它们是怎样构成原子的？"由于是上节课的内容，学生们兴奋地齐声回答："原子是由原子核和核外电子构成的，原子核是由质子和中子构成。"

肖老师肯定了学生的回答，紧接着又提出了一个问题："质子、中子、电子它们分别带不带电？"并且请学生个别回答。学生在刚才那股兴奋劲的支持下，抢着举手回答。肖老师请了其中一名学生，并且进一步问他"原子电吗？为什么？"该生稍加思索后准确回答："原子不带电，因为原子核所带的正电荷数和核外电子所带的负电荷数相等。"

在此基础上，肖老师稍作点拨，自然引出了这节课的内容："原子核的体积仅占原子体积的几千亿分之一，相对来说，原子里有很大的空间，电子就在这个空间里做高速的运动。那么核外电子是怎样运动的？"

"核外电子是怎样运动的？"学生根本不可能看得到，一下子也难以想象。这时，肖老师利用多媒体辅助教学，适时地播放课件（课本图4—9核外电子分层排布示意图）和"核外电子的运动演示"。看着屏幕上核外电子的运动，学生们个个都很兴奋，也很好奇，很想弄明白是怎么回事。

于是，肖老师抓住这个机会，安排学生小组讨论，找出核外电子的运动规律。

学生们都积极参与讨论，课堂上是一片嗡嗡的"众声喧哗"，有的学生还对着课件和插图指指点点。几分钟后，学生自动停下来，并举手要求发言，很容易得出了"核外电子是分层运动的"结论。但怎样分层运动，他们则难以说清，这也是肖老师意料之中的。

肖老师指导学生再次观察图4—9和课件，然后小结道：在含有多个电子的原子里，核外电子是分区域运动的。我们把电子离核远近的不同的运动区域叫做电子层，能量最低，离核最近的叫第一层；能量稍高，离核稍远的叫第二层。由里往外依次类推，分别叫做"第三、四、五、六、七层"（不用肖老师说，学生已众口一词地帮她接下去了）。

肖老师的这个小结更吸引了学生们对课件的注意力。紧接着，肖老师播放课件"硫原子的结构示意图"，同时还配有背景音乐。这时，课堂气氛更加活跃了，学生们一会儿聚精会神地盯着屏幕看，一会儿又交头接耳地讨论着。他们很快得出了结论：3种不同的颜色代表不同的电子层，核外电子在不同的层上运动，并且是分层排布的。

"既然核外电子是分层排布的，那么我们用原子结构示意图怎样表示它们呢？"肖老师提出了这样一个问题，同时又播放"钠原子的结构示意图"课件。学生细心观察后，肖老师讲述圆圈、弧线、数字各代表的意义，接着让学生简单记忆，并让他们做课件中的练习，以便进一步巩固。结果学生表现得很好，肖老师也很高兴。

接下来，肖老师播放课件"1~18号元素的原子结构示意图"，并设计了4个问题让学生讨论、交流。问题一，你从图中发现最外层电子数有什么规律？问题二，金属元素、非金属元素和稀有气体元素原子的最外层电子数有什么规律？问题三，稀有气体元素为什么又叫惰性气体元素？这与它们的结构是否有关？问题四，你认为元素的化学性质与什么有关？各小组同学在观察的基础上进行讨论、交流，顺利地得出了4个问题的答案。

有了这些知识作基础后，肖老师才转入了这堂课的重点内容——离子的形成。

优
秀
教
师
课
堂
氛
围
营
造
的
艺
术
•••••

　　肖老师先给学生提供了两方面的信息：钠与氯气反应生成氯化钠；钠和氯的原子结构示意图。然后提出问题：Na 的最外层电子数是多少？是失去电子，还是得到电子容易使最外层电子填满呢？Cl 呢？学生在对原子结构示意图的理解的基础上，热情高涨地参与方案设计，基本上都能设计出氯原子和钠原子的最外层电子转移到对方，从而使双方达到稳定结构这两个方案。

　　学生提出的两种方案，哪一种更可行呢？此时，肖老师请 3 位学生上台表演氯化钠的形成。一个学生扮演"钠原子"，一个学生扮演"氯原子"，一个学生扮演"电子"。"氯原子"把"钠原子"身边最外层的那个"电子"抢走了，"钠原子"因失去一个电子变成 Na^+，"氯原子"因得一个电子而变成 Cl^-，两者由于静电作用而结合成化合物氯化钠（NaCl）。

　　学生的表演赢得了阵阵赞许的笑声。看完表演，肖老师再播放"氯化钠形成"的课件，并以图示的形式边板书边分析氯化钠的形成。在这一过程中，学生对"氯化钠的形成"更明了了。

　　有了以上的内容做基础，肖老师再介绍离子（概念、分类、写法）就简单多了。接下来的课堂正如肖老师所希望的，气氛活跃，进展非常顺利。

　　最后，肖老师让学生讨论"离子和原子有何不同？它们之间有何联系？钠离子和钠原子是否属于同种元素？"学生们都争先恐后地回答，肖老师也尽量让他们都有机会表现自己。这节课在阵阵掌声中圆满结束。

案例分析

　　由于离子知识很抽象，再加上学生缺乏对微观世界的想象力，核外电子分层运动表象的构成就成了教学中的难点。像这样的知识点，教师既无法进行实物演示，也无法让学生动手实践，只凭空洞的理论说教，是很难让学生理解的。如果我们不采取一定的教学手段，将枯燥的知识变得有趣，让难点变得容易，那么，学生就会因不感兴趣而不想去听，因听不懂而不愿去听，如此，又怎能营造出良好的课堂氛围？

肖老师通过课件展示，让学生观察核外电子分层排布示意图和电脑模拟电子运动（多电子的原子核外电子的运动示意）的动态效果，让学生领略了神奇的微观世界，这势必激活了学生的好奇心，然后让学生进行猜想，收集实证，接着通过分析和讨论原子结构的科学史料，让学生了解了科学的方法，增强了他们学习的兴趣。

肖老师利用多媒体辅助教学突破难点，改变了传统的教学方式。多媒体课件使微观抽象的离子形成变得直观，帮助学生领略和体验了微观世界，提高了学生的想象力、创新力，极大地活跃了课堂氛围，较好地解决了教学中的难点。

多媒体课件通过形、声、光、色的相互作用，产生极强的直观效果，使学生的眼、耳、口、脑等多种感官参与，有利于学生全方位地理解文章内容，进入情境，受到感染；多媒体课件信息量大，能够创设教材难以提供的情景，突破难点、化繁为简、化难为易，让学生轻松愉悦地学习；多媒体课件能够将难以掌握和理解的抽象知识以直观的形式展现在学生面前，将学生带人一个形象、生动、直观并且不受时空限制的学习世界。

多媒体课件集文字、声音、图像和动画于一体，直观形象、针对性强，是深受教师喜爱，广为教师使用的一种教学手段。不过在新课改的进程中，出现了一些误区。就拿多媒体的使用来讲，老师用它替代了板书；用花哨的图片替代了对语言文字的品读；用课文录音替代了教师的示读与学生的朗读……。甚至形成了" 无多媒体不成公开课" 的局面。所以教师在使用多媒体教学时要注意其有效性，看其是否能突出课堂教学重点、难点；是否有利于学生全面发展；是否有利于培养学生的创新思维。

第六章　利用教学资源丰富课堂

2．巧妙布置作业，课后也精彩

在目前的教学中，许多学生的作业是课堂教学内容的翻版、克隆，一些教师在布置作业方面，都是统一要求，一刀切。

但是，由于学生学习层次不同，基础、学习较差的会为完成作业而完成作业，不会做的题就去"想办法"，或者找别人做好的来抄，或者胡写乱做，甚至干脆不做。久而久之，学生便对作业产生厌烦情绪，认为作业是无可奈何的负担，觉得学习太苦太累，进而产生厌倦情绪，怕学习、不想学习。而基础好、学习好的学生，又觉得老师所布置的作业难度不够，时间长了，会养成不喜欢动脑筋的习惯。这样一来，作业不但不能发挥它应有的有作用，而且产生了众多负面影响。因此，身为教师，我们不得不思考，我们怎样布置作业才是正确的做法，怎样的作业才是学生感兴趣的。

现代教学论专家斯卡特金指出："未经过人的积极情感强化和加温的知识将使人变得冷漠。由于它不能拨动人的心弦，很快就会被遗忘。"因此，我们应该给采取适当的方法给学生布置适量的作业，并适当地变换作业的形式和风格，力求创新，使学生主动、积极地完成作业，进而促进他们对课堂学习内容的理解和记忆，促成他们学习技能、技巧的形成。

经典案例 1

在第一次考试前，彼得斯女士注意到很多学生不完成她的社会研究课作业。

学生本学期第一份大作业——关于本州水资源的研究报告，提交的最后时限已经过去了，但是只有少一半的学生按时完成了。因此，她不得不将提交时间拖后了一周，即便如此，一周后仍有1/4的报告没有交上来。而且那些完成了的报告质量也难以令人满意，很多报告中主要是从杂志上剪下来的图片，仅有的简短文字叙述也都是从一本百科全书中摘抄的，这本百科全书是彼得斯老师建议的参考书目之一，但并非唯一的参考资料。很多报告看起来就是前一天晚上临时抱佛脚拼凑出来的。面对这种情况，失望的彼得斯老师曾一度觉得是自己的评分要求太过于严格了，因为她曾经宣布这份报告将占学生成绩的大部分，很多学生因此陷入一种忧虑状态中。

事情更糟的是，大多数学生连最近的小作业都没有完成，即使完成，作业的质量也很低。其实，这些小作业并不难，都是学生能力所及的，包括填表和回答课后练习中的问题。彼得斯老师一般给学生每周布置两到三次这样的作业，每三周收集一次作业，然后她会给学生一个分数。那些做完了所有作业的学生，大多数做得非常差，不是脏乱就是回答不全。彼得斯老师感到再次陷入了两难境地：如果她严格打分（或公平地打分），很多学生将不及格，那么她将陷入来自学生和家长的反抗和责难中；但是如果她放松打分标准，那么将"助长学生不认真完成作业的坏习气。

案例分析

学生不完成作业，确实令教师很头痛。很多教师在这件事上花费大量时间，嘱咐、督促、检查、评比、奖励、批评，忙得不亦乐乎，可总还是有那么几个或一些同学，经常不能按时把作业交上来。

学生不能按时完成作业，不喜欢写作业，一般老师对这个问题都不去细致研究，他们只简单地断定，这是因为学生"不重视学习"、"厌学"、"贪玩"、"怕苦"等等。归因简单，对策当然也就简单，无非是一方面大谈学习的重要性以期引起学生的"重视"，另一方面采用各种高压政策迫使学生不敢不完成作业，长此以往，形成恶性循环，学生的厌学情绪也越来越严重。

作业有实的和虚的两种。实的作业就是要求学生写在纸上，教师必须批改的作业；虚的作业形式则多种多样。除一般的书面作业之外，作业的形式还可以分为整理式作业、反思式作业、开放式作业、发现式作业、互动式作业、活动式作业、自助式作业和预习式作业等。

实践证明，在布置作业时，扎扎实实的基础知识的练习性作业不能丢，如口算、笔算练习，都需要经过反复、大量地练习才能得到巩固与提高。为了避免此类题的机械重复，教师应注重作业形式的变化，在设计主体、评价方式上有所创新，从而激发学生完成作业的积极性。另外，作业的设计还可以拓展延伸，在时间、空间上有更大的弹性，这样才能调动学生的学习积极性，激发学生的学习兴趣，才能使学生高质量的完成作业，且更好地掌握所学到的知识。

经典案例2

山东省高密市东关小学高红霞老师就非常善于布置作业。她注重以"活动"为载体，把对学生知识的训练、技能的培养和智能的开发贯穿在实践活动中，让作业富有趣味性，增强吸引力，使学生在活动中产生愉快的情感体验。

高老师布置的作业，学生从来都不会马虎应付，因为她总是能揣摩学生的心理，知道学生需要做什么，想做什么，愿意做什么，而且她布置的作业总是形式各样、花样繁多，比如：

（1）一个长方体药盒的长是5厘米、宽是3厘米、高是4厘米，做这个药盒需要多少平方厘米的纸板？它的体积是多少立方厘米？

（2）一个长方体药盒的棱长总和是 104 厘米，长是 12 厘米、宽是 4 厘米，它的体积是多少立方厘米？

（3）一个长方体药盒的底面积是 24 平方厘米，底面周长是 24 厘米，它的表面积是 108 平方厘米，它的体积是多少立方厘米？

为了巩固学生课堂上所学的知识，锻炼学生的动手能力和思维能力，高老师又布置了这样的家庭作业：

（1）做一个长方体。，

（2）找出生活中的长方体。

（3）说出长方体有哪些特征。

高老师布置作业的具体形式可以概括为以下几种：

找一找：在学习了克、千克、吨后，高老师布置的作业是让学生回家找一找生活中有哪些物体的重量是 1 克、1 千克，并用手掂一掂，再次体验 1 克、1 千克有多重。在学生有丰富感知的基础上，再让他们填合适的单位就没什么困难了。

测一测：很多学生都知道物体在日光或月光照射下会有影子，但是对影子的变化规律知道得并不多。高老师就利用双休日让学生回去对同一物体的影子在不同时间进行测量，从而发现规律。这个作业既培养了学生科学的探究精神，又培养了其发现问题、解决问题的能力。而在做的过程中，如果学生一人做不了，必然会积极寻求合作伙伴。这样的话，学生做作业的同时自然而然地就提高了与他人沟通交流的能力。

做一做：每逢教师节、校庆日、母亲节、国庆节、元旦节之际，高老师便发动学生动手，利用各种材料为老师、学校、父母、同学制作小礼物，并写上自己的心愿与祝福。德国哲学家叔本华说过：自然而然的事会越来越少了，感恩的事会越来越多了。而现在的独生子女把父母、老师对他所做的一切都看成是应该的，凡事以自我为中心，俨然一个个"小皇帝""小公主"。

为此，高老师经常给学生布置这样的作业：帮长辈洗一次脚、发自内心地说一句感恩父母的话、洗一次碗、为父母做一顿饭等体验活动，让每个学生都有一颗感恩的心，爱家人、爱他人，有效实现了爱的迁移。

写一写：数学日记是一种新生事物，对培养学生的综合能力有很大的帮助，所以高老师时常根据授课内容布置这样的作业。比如，在学过位置与变换的内容之后，高老师让学生站在操场中间观察校园的建筑，并用学过的8个方位介绍美丽的校园，然后画出示意图。学生对此非常感兴趣，很多学生的日记是以小导游的身份向客人详细地介绍，有模有样的。这不仅锻炼了学生结合具体情境，运用东北、西南等合适的术语，准确描述建筑物所在方向的能力，而且培养了学生的爱校情感。

玩一玩：在学过对称一节的内容后，高老师让学生回去收集一些树叶，看一看哪些是对称的，哪些不是对称的，并用这些树叶粘贴一幅自己喜欢的画。学生对这样的作业乐此不疲，有的不但收集到对称的树叶，而且还拼成了一幅对称的图画，他们在看似玩的过程中掌握了对称的相关内容。

议一议：除了紧扣课本内容巧设作业外，高老师还让学生关注生活、电视或报纸上的新闻，就其中的焦点问题发表自己的见解，在班上举行"新闻发布会"，培养学生关心国家、关心社会的责任感，提高学生的口头表达能力。

思一思："学而不思则罔，思而不学则殆。"高老师在布置作业时还很关注学生的反思能力。比如，期中考试结束后，高老师针对学生试卷上一处处笔误，布置了这样的作业：认真分析试卷上每一处失分的地方，先找出错误的原因，要具体，不要一概而论、敷衍了事，然后改正。第二天作业收上来一看，有的学生找出抄错数的原因，有的学生找出漏了要求的原因，还有的找出没有认真读懂题意的原因……。看着他们认真谨慎的试卷分析，高老师欣慰地笑了。

案例分析

布置课后作业是课堂教学过程中的一个重要环节。特别是对数学这一学科而言，布置作业更是必不可少的。但是，有的教师虽然每节课必有课后作业，但他们往往只是将课后练习或习题随便挑几道给学生做。这样布置的作业，其功效可想而知。许多教师认为，作业的功能只在于对学生所学知识的练习、巩固，而忽视了更为重要的一点——即作业对学生的学习态度、学习兴趣乃至人格发展所起的重大作用。

因此，要想成为一名善于布置作业的优秀教师，就需要在备课时，明确哪些习题是必须做的，哪些是可选做的，从而满足和适应不同层次学生的需要。对基础、学习较好的学生，多布置灵活运用知识、可以拓展思维、发挥创造力的题；对学习相对困难的学生，多布置巩固知识方面的题，适当加有难度的附加题供学生自己选择完成。

学生通过自己的做、找、说，对长方体有了更深的认识。教师从优化作业布置入手，使单调、枯燥的作业变得生动、有趣，充分调动学生做作业的积极性，使家庭作业发挥它应有的效能，让它成为学生业余生活中一道亮丽的风景，把学生从繁重的作业堆中解放出来。

第六章 利用教学资源丰富课堂

3. 适当引用材料，拓展学生的视野

我们知道，课本上的知识是相对静止的，而生活中的事例却是相对运动的。课堂内容好比是一座光秃秃的大山，而课堂外的大千世界却是那么的精彩纷呈、风光无限。因此，老师要善于引用材料，让学生们从课本知识的"静"中感受到现实生活的那种"动"，吸引学生的眼球，集中学生的注意力，进而使学生在形象、丰富的知识的海洋中不断进步、不断提升自己。

经典案例

众所周知，政治课是诸多课程中最枯燥无味、最难教好的一门课程。但是，吉林油田高中的知名教师杨志福老师却总能把政治课上得有声有色、精彩无限，备受学生们青睐，也得到其他教师的一致好评。

下面是杨老师讲解政治课"建设有中国特色社会主义的经济——充满生机和活力的制度"一课的教学片段。

杨老师："刚才我们学习了公有制经济和非公有制经济，我们已经知道这两种经济是我国经济体制的主体，但是现阶段我国还有其他经济成分存在，请大家先来看一段材料。"投影屏上立即显示出如下材料，并配有图片：

1980 年 10 月，中科院物理所陈春光等 7 位科技人员创办了中关村第家民营科技企业，20 年来，发展到现在，北京出现了以"联想""方正"为代表的国有民营科技企业，也有"用友""赛迪"等私有民营科技企业。民营领域包括了信息产业、生物工程、新材料、光机电等方方面面，从业人员 30 万人，其中科技人员 18 万人。全北京市民营科技企业资产总额达1593 亿元，1999 年技工贸总收入首次超千亿元，占到全市工业增加值贡献率的 7 成以上。

待学生们看完后，杨老师问："同学们，这段材料说明了什么？谁来回答？"

立即有学生举起了手："说明改革开放以来，私营企业发展很快，我家里用的电脑就是联想的品牌机。"

杨老师点点头："对，私营企业也就是非公有制经济。改革开放以来，我国公有制经济的主体地位虽然还是不容置疑的，但其他所有制经济也得到了迅速发展。下面让我们再具体认识一下我国的非公有制经济成分。请同学们回答，在我们日常生活中，哪些属个体经济，它给我们带来了哪些方便？"

这一下，学生们顿时找着了方向，纷纷抢着答："我家附近的成都小吃，有时候家里有事顾不上做饭就去那儿吃，我最爱吃那里的麻辣烫了。"

"学校里的小商店，我经常去那里买学习用品，距离近，很方便。"

"我表姐开的美容美发店，附近不少人都喜欢去她那儿做头发。"

杨老师十分满意："同学们说得对。日常生活中的小商店、理发店、小吃部等均属于个体经济的范围，这些个体经济与我们的生活息息相关，在利用资源、发展传统技艺、活跃市场、方便人民生活、增加就业等方面，发挥着不可替代的作用。个体经济是我国现阶段一种重要的经济形式。除了这些我们生活中最常见的个体经济，还有一些在经济生活中有较大影响的私营企业和三资企业。下面大家再来看几段投影。"

投影屏上显示如下材料，并配有图片：

材料 1：投影屏上显示出希望集团的相关图片

1982 年，刘永言四兄弟为摆脱贫困，变卖家产筹资 1000 元人民币起家，把一个饲养鹌鹑的小企业变成了一个遍及全国的饲料生产集团。

到 2004 年底，希望集团已发展成为以饲料为主，涉足电子、中央空调、建筑和房地产、电力、酒店、食品、金融、生物、化工、乳业、铝业等 20 多个行业，拥有 200 多个工厂的全国性集团公司，是国内最大的民营企业之一。

材料 2：投影屏上同时显示出了学生们平时经常见到的一些图片，摩托罗拉的"M"标志，LG 的显示器……

改革开放以来，一大批外国企业相继进入中国，像诺基亚、摩托罗拉、微软、菲利浦、三星、LG、宝洁、沃尔玛、松下等，这些外资企业涉及手机、家电、日常用品等各个领域，在他们自身获得强劲发展的同时，也有效地激活了我们的国内市场。

播放完毕后，杨老师问："这些材料说明了什么？"

学生们仍旧争先恐后地说："私营企业除了那种小店外，做的很大的也不少。"

"外国的企业在中国的发展也不错，我周围许多人用的手机都是诺基亚、摩托罗拉的，三星的也不少。"

"微软的软件更不用说了。"

杨老师微笑了："对，这就是我们这节课的主题所要说明的问题，非公有制经济已经成为我国社会主义市场经济的重要组成部分，使我们的市场经济充满生机和活力。下面，我们结合材料来进一步学习有关理论……"

案例分析

这堂政治课，杨志福老师如果像其他许多政治老师一样，多讲几遍"多种经济共同存在"的市场体制，那么学生们对我国市场经济的印象就会停留在课本层面上，一堂课只是多抄了几页笔记，除此之外，再没有特别的收获。

长期以来，我们的教育无形中把政治课定义成一门"老师课上讲一点，学生平时听一点，考试之前背一点，拿个及格没问题"的文字课，学生们往往将精力放在多背几道论述题上，却很少能对这门课真正提起兴趣来。但是，在杨志福老师的课堂上，我们没有看到那种长篇累牍式的说教，而是看到了一堂"图文并茂"式的政治课。因此，学生们不仅对他引用的材料感兴趣，还能随时补充自己生活中的例子，积极热情的参与到课堂中来，使学生在轻松愉快地理解、掌握课堂内容。

事实上，引用材料说明理论，本来就是政治课教学的一个原则。课本上的理论也并非只是单纯的理论，它往往与现实生活紧密相连。如果教师在授课中能随时根据教学内容，有机补充相关材料，诸如文字材料、媒体材料等，就可以在一定程度上增强学生的感性认识。

因此，我们教师要善于引用课堂教学相关资料，用形象生动的材料说明抽象难懂的理论，使复杂问题简单化，使繁难问题容易化，使枯燥课堂生动化，最大限度地激发学生的学习兴趣，培养学生思考问题、分析问题的能力。

第六章 利用教学资源丰富课堂

4. 教学辅以游戏，活跃你的课堂氛围

毫无疑问，玩是中小学生的天性，单一的课堂教学容易使学生感觉乏味，产生厌学情绪，因此，我们应该在课堂教学中适当地穿插一些游戏，以更好地来调节课堂气氛。

美国心理学家布鲁纳认为：最好的学习动力是学生对所学材料有内在兴趣，而最能激发学生兴趣的莫过于游戏。游戏教学就是教师融合了特定教学内容于游戏活动中进行教学，不仅变静态教学为动态教学，使学生轻松、愉快、有效地掌握知识、发展能力。

可以说，游戏是一种寓教于乐的教学方式。它的形式是多种多样的，有些游戏活动具有很强的竞争性，可以激励学生主动积极的思考；有些游戏具有很强的独立性，可以激励学生发现自己、表现自己和了解自己；有些游戏带有表演合作的性质，有利于培养学生之间的团结互助、齐心协力、密切配合的团队精神。就儿童而言，教师要不断采用儿童喜闻乐见的形式来进行教学，如猜字谜、编故事、找朋友、编顺口溜等等，充分调动学生的学习热情，使课堂成为学生学习的乐园；就青少年而言，我们可以在课堂上适当地表演一些魔术，以激发学生的好奇感，进而吸引学生的注意力。

因此，在教学过程中，我们老师要重视激趣，如在课堂上不失时机地做点魔术，恰如其分地设计一些游戏，使一些抽象的知识趣味化，提高学生的学习兴趣，让学生在乐中求知、在趣中增智、在美中陶情。作为教师应抓住这一点，在教学中利用游戏的形式来调动学生的兴趣，学生在课堂上感受到了游戏的乐趣，那他的学习积极性也会被充分调动了起来，兴趣也会越来越浓厚。

经典案例

江苏省吴江市中学的何新明是位非常幽默的老师，他在引入游戏教学方面有自己独特的方法。

曾经有一次，何新明讲解例题，待学生掌握得差不多时，他突然从教室门外推进来一个柜子（类似酒吧中那种多格子的放酒瓶的酒柜），上面蒙了一层不太厚的纸。

学生们立即瞪大了眼睛。

何新明说："这里每一个格子里面都藏着一道题待你们来解，如果谁能解出来，智慧女神就会给他颁发证书，并让他领取一份精美的小礼品。"

学生们兴趣大增，跃跃欲试。

何新明让其中一名男生上来，男生对准一个格子一拳打去，纸破了，里面有一张小纸条，上面写着一道题。何新明当场展示了这张纸条，然后让该男生解题。男生抓耳挠腮，下边的同学纷纷给他出主意。

此时，所有的学生都在设法解决这道题，何新明实际上已经调动了所有学生的思维积极性。

最后，男生终于有了正确的解题方法，当他报出答案时，何新明便给了这名学生一份小礼品——当然，就是一张价值不到一毛钱的明星卡片。

随后，第二个、第三个、第四个……，学生们纷纷要求上来。

一个个格子分别被打破，一道道题目也随之得到了解决，而学生们也

十分愉快地获得了一些漂亮的小礼品。

这样的教学方式确实让人耳目一新，眼界大开。

案例分析

按照中国一般老师的教学方法，当例题讲解得差不多的时候，老师们往往会说："现在，请同学们把以下几道题练习一下。"然后便刷刷刷地布置几道题，而学生们也习以为常地将老师布置的题目记录下来后，便闷头解答。整个过程毫无情趣可言。而何新明老师则完全颠覆了我们这种平淡无奇的教学方式，他的手段和花样千奇百怪，深受学生的喜爱。

以"每一个格子里面都藏着一道题""如果谁能解出来，智慧女神就会给他一份精美的小礼品"为引子，引发学生对解题的兴趣，使学生积极参与，同时创造了一种活跃、轻松的课堂气氛。这种形式不仅激发了学生的兴趣，同时也让学生加深了对所学内容的理解，很快掌握并巩固了这堂课所学的内容。

我们经常说"寓教于乐"，游戏教学法的原则就是对"教"和"乐"的严格界定——教，必须是各科教材中的内容，尤其是其中的重点难点内容；乐，必须有比较成熟的游戏法则，有很强的竞赛性，有明确的输赢，有极大的趣味性，并且在一定的机遇前提下，给学生以很大的发挥主观能力的空间。因此，游戏内容的选择必须与教材紧密联系，教师在设计游戏时，要充分考虑教学的要求，以及教学效果，要以教学内容为中心，根据教学内容考虑游戏的内容、形式。

何新明精心设置的游戏就与教学内容紧密地结合在了一起，极大地激发了学生的学习热情，这也正是这节课设计得最为可取之处。

经典案例

这是著名特级教师詹明道《平均数》课前精彩交流的精彩片断。

师：你们知道我叫什么名字吗，你们应该怎么称呼我呢？

生：老师，您姓詹，全名是詹明道，我们应该称呼您为詹老师。

师：唉！你们是怎么知道我的名字的？

生：我是看到大屏幕上的介绍知道的。

师：很高兴认识你这个善于观察、勇于发言的小朋友，请你们再仔细观察老师名字的每个字，思考一下，老师的爸爸妈妈为什么给老师起这个名字，包含了他们对我的什么感情？

生：我认为："詹"是姓，没有明确的意思，"明"是明确、懂得的意思，"道"是道理的意思，我想您的爸爸妈妈给您起这个名字是希望您能好好学习，多明白一些道理，做一个有知识、有学问的人。

师：来握握手，太棒了，真高兴认识你这个善于分析、勤于思考的小朋友，你说的很有道理。

生：我觉得："明"还有光明的意思，"道"还有道路的意思，我猜想您的爸爸妈妈给您起这个名字的用意是祝福您、保佑您从小到大一直走在光明的大道上。

师（激动的说）：真了不起！你真是一个善于创新、明白道理的小朋友，其实老师的爸爸妈妈给老师起这个名字确实包含了这两个方面的含义，体现了他们对我的感情和对我的祝福！其实你们的爸爸妈妈和老师的爸爸妈妈一样，对你们也是这样的感情。

师：好，同学们，你们看这是什么？

生：套圈。

师：你们玩过套圈游戏吗？让我们做个套圈比赛的游戏轻松一下，

好吗?

生(兴奋地说):好。

师:下面我来说一说比赛的规则:1. 请男、女生各一名参加比赛,每人在等距离的情况下每人套8个圈;2. 请男、女生各一人用画正字的方法统计套中的成绩,男生统计女生的成绩,女生统计男生的成绩,我们要做一名公正的小裁判;3. 其余的同学做啦啦队员,我们每个人都要做一名文明的观众。

学生进行第一轮比赛,男生套中5个,女生套中4个。

师问:"是男生赢,还是女生赢?你是怎么裁决的?"

生:男生赢,因为男生套中的多。

师:让我们以掌声向男生代表队表示祝贺。

师:女同学们,你们服气吗?想不想再玩一次?

生:想。

师请另两名学生进行第二轮比赛,男生套中4个,女生套中6个。

师:第二轮是哪个代表队赢?

生:女生赢。

师:让我们以掌声向女生代表队表示祝贺。

师:经过两轮激烈的比赛,综合起来看,究竟是男生赢还是女生赢?你是怎样裁决的?

生:男生一共套中了9个,女生一共套了10个,所以说是女生赢了。

师:这位同学用比总数的方法裁决出是女生赢,这种方法公平吗?

生:公平。

突然有~名男生说:不公平,我认为是平局。

师:唉!你能不能说说你认为是平局的理由呢?

生:按照乒乓球比赛规则,只比哪个队胜的局数多,而不看哪个队赢的分数多。

师：你们认为他说的有道理吗？

生：有道理。

师：真是太精彩了，不同的比赛有不同的规则，同样的比赛，用不同的规则去衡量它，就会有不同的比赛结果，让我们为他的精彩发言鼓掌。

案例分析

詹老师一开始就注重与学生间的互动交流，通过对名字的讨论，营造了活跃、轻松、自然、融洽的课堂氛围，这样有利于学生能动性的发挥。

教师注重以游戏的方式进行教学，让学生积极主动地参与到活动中去，激发学生的学习兴趣，教师所选的游戏，符合学生的年龄、心理特点，同时又与教学内容相符合，这样的教不局限于课堂，使课内与生活实际相结合，让学生轻松掌握课堂内容的同时又丰富了他们的生活、拓展了他们的视野。

要想成为一名优秀教师，我们就应该让学生掌握知识的同时，注重培养学生的人文素养，如竞争意识、团结协作的精神、公正文明地做人等等，使教学中的工具性与人文性相统一。在游戏中教师善于引导学生，发展学生思维，这样以游戏教学，使学生能够更好、更快地掌握知识。此外，教学中，教师注重对学生的价，能够及时、准确地评价学生、表扬学生、激励学生。游戏教学，不仅是在"中学"，而且还在"趣中学"，这样的教学达到了很好的效果。

游戏是人类的本能，游戏让学生更容易接受教学内容，从而使教师能更好地完成教学任务。游戏教学法的魔力，在于能使学生在激烈的竞赛中，在无比的兴奋中，甚至是在刺激和上瘾中，不知不觉地学到教材中的内容，或者学到青少年必须掌握的知识。实践亦表明，游戏教学是深受学生喜爱的教学方式。

　　游戏是学生非常喜欢的一种趣味性活动，教师在教学中，如果能针对教材本身特点和儿童的年龄特征，采用生动活泼、形式多样的游戏活动来组织教学，就会使课堂生动有趣，从而省时高效地完成学习任务。将这种活动引入课堂，不仅可以发展学生的形象思维，加深对教学内容的理解，而且更适合学生的心理特点，促使学生健康成长、不断进步。

5．教学风格，独特才绚丽

雨果认为，"风格是打开未来之门的钥匙"。他还认为："没有风格，你可以获得一时的成功，获得掌声、热闹、锣鼓、花冠、众人的陶醉的欢呼，可是你得不到真正的胜利、真正的荣誉、真正的桂冠。"可见，艺术作品必须具备独树一帜的风格，才能产生积极的社会作用和不朽的艺术魅力。而每一个成熟的艺术家，都有着自己独特的艺术风格。例如，我国历史上京剧中的"四大名旦""四大须生"闻名中外，但他们各有音韵，风格迥异。如梅兰芳的雍容富丽、程砚秋的深沉委婉、荀慧生的俏丽清新、尚小云的刚劲洒脱、马连良的潇洒华丽、谭富英的朴实清脆、杨宝森的悲凉醇厚、吴啸伯的严谨工整等，莫不各有千秋，自成一家。不难看出，艺术魅力的存在往往是和风格联系在一起的。风格早已进入了人们的审美视野。

从风格学的角度看教学，教学这种艺术性活动就有了斑斓绚丽的风格色彩。雕塑家罗丹曾说，有风格的艺术作品才是美的作品。其实，我们也可以说，有风格的教学才真正达到了审美的高境界。

所谓教学风格，是指教师在长期教学实践中逐步形成的、富有成效的一贯的教学观点、教学技巧和教学作风的独特结合和表现，是教学艺术个性化稳定状态的标志。有风格的课堂教学才是美的课堂。因为教学风格是一个教师达到高度成功时才具备的重要标志。而评价一个教师是否已经成熟，最重要的一点，是看他在教学上是否已形成了自己独特的教学艺术

风格。

　　教师的教学风格要稳定，因为变换的风格容易使学生注意力分散。教师应不断摸索以形成适应自己的风格，并稳定下来，不要忽而这样，忽而那样，花样百出，弄得学生手忙脚乱。

　　但要注意的是，风格并不等于教学的方式、方法，风格的稳定，并不等于教学方式方法的僵化。一成不变的教学方式容易使学生厌倦，甚至产生疲劳，影响美感，即使是一些优秀教师的好的教学模式也应该随着教学内容的变化，相应的改变教法，推陈出新，使学生永远保持一种耳目一新的感觉，尤其在导语、结语的设计，教学内容的处理，教学方法的选择上都应该具有多样化。

　　教学风格的形成是指老师在教学过程的各个环节、各个方面都有自己独特的创造，教学具有浓厚的个性化色彩。其特点是教学内容、教学方法、教学组织形式、教学语言、体态语等的结合日臻完善，成为一种艺术化的东西；教学行为已经内化，教学风格转化为随意性。这时的教学就达到了"从心所欲不逾矩"的境界，教学中做到"使其言皆若出于吾之口，使其意皆若出于吾之心"，教学过程的开展有序和谐。

经典案例 1

　　山东省平邑兴蒙学校的谢萍老师的教学风格轻松有趣，其方式方法灵活多变。如教学《景山公园》一课时，谢萍老师开门见山："让我们跟着文中的小朋友去神游景山公园，欣赏一下那里的美景吧。"

　　教学《大海的歌》时，谢萍老师则采用提问的形式："同学们，你们见过大海吗？有谁乘过大海轮？谁能讲讲大海的美丽景色？"让学生和以往的生活经历挂钩，产生美好的遐想。

　　教学《十里长街送总理》时，谢萍则采用渲染情境的方法，用低沉的语再现 1976 年 1 月 11 日首都人民扶老携幼送别总理灵车的情景，让学生在"悲"中体味美感。

　　谢萍老师还喜欢适时地创造机会让学生进行创作，在创作中体验美。

如一次习作训练，她发现学校走廊上的一棵盆景树，最近突然病了，叶子枯黄，细枝条无精打采地垂着，而办公室里的那盆却葱绿得很，于是组织学生观察，为什么会出现这种现象？

学生七嘴八舌地议论着，谢萍老师则告诉学生这是一种生命力极强的不易死的植物，学生的兴趣更浓了，非要调查个水落石出。经过一周的调查，大家认为这棵树是他们自己害死的，是在无意中害死了小树。这时，谢萍老师便请同学创作《一棵小树的死》一文，在深刻的体验中，同学们受到了美的教育，也明白了应该关爱身边的生命，不要漠视它们的存在。

在教学《春》后，谢萍老师结合学生们爱看古诗、读古诗的特点，请同学们写赞美春天的诗并上讲台诵读。

于是，"细雨蒙蒙雾重重，鸟语声声隐此中。东风拂面不觉寒，春光一现有几何？……一忱神州春来到，去年燕子今出巢。天南地北种青草，闲时喜听春雨闹。……冬雪残去春风来，万顷天空一片蓝。虽说柳枝未出芽，其实春气早已到"等纷纷出炉。

然而这些同学的诗作在遣词上、意境上都显得相当稚嫩，但学生看到自己写的诗还是很满意，因为他们在创作中体验到了快乐，体验到了美。

谢萍老师还认为：富有音乐感的节奏性语言能给人以愉悦感，教师的语言应该富有节奏感。如在教学《十里长街送总理》一文时，谢萍老师用极低沉的语调叙述了其开头一部分；在人们哭泣着追赶灵车时，老师的语调则变成了急促。

谢萍老师的教学语言常常随着内心情感的变化而引起口头语言快慢、强弱、断续有致的不同变化，其语气语调刚柔、抑扬有机结合，节奏分明，时快而清晰，时慢而紧凑，时高而不躁，时低而不咽，疏密相间，张弛适宜。

案例分析

谢萍老师不断改进教学方法，开展丰富多彩的教学活动，吸引学生的注意力，使学生产生新鲜感，并产生浓厚的兴趣。

根据学生的年龄、学生的个性等特点，谢萍老师或开门见山，烛照幽微，真诚坦率；或讽喻旁敲，温情含蓄，启发等待；或侃侃而谈，如叙家常；或庄、或谐、或抑、或扬，使每个学生都如沐春风。谢萍老师之所以能从万千教育工作者中脱颖而出，缘于她的讲学抓住了学生的心。她知道学生喜欢什么、讨厌什么，她懂得迎合学生的口味。

心理教育学家陈尔寿说："教无定法，人各有法，引起兴趣，就是好法。"一件再华丽的衣服，如果长年累月地穿着，也会让人看腻了的。一盘再可口的菜，如果顿顿吃它，最终必然会让人倒胃口。教学中的某一方法再灵，用久了用多了，也就灵不起来了。教师最忌讳的是教法单一不变，上顿下顿一个"菜谱"，搞"大一统"，"一言堂"，一个单"吃药"。

一个聪明的教师，应该学会采取灵活多变的教学方式，让学生始终处在积极思维的状态下，并积极引导学生参与到教学中来，让学生进行充分的自我表现，这样便会充分调动学生浓厚的学习兴趣和求知欲望，从而使课堂产生创造性学习的良好氛围。

学习是一项繁重的脑力劳动，对于大多数学生而言，并不是一件轻松事。因此，要使课堂充满生机与活力，教师应该带上甜美的微笑走进教室，让微笑感染每一个学生，带给他们一个好心情。在教学过程中，教师还可以用微笑来代替语言。比如，对于发言教好的学生，微笑是对他的赞赏；对于想发言而又不敢说的学生，微笑是对他的鼓励；对于发言不够好的同学，微笑是对他的安慰。

教师要富有亲和力，才能打动学生的心灵。唯有"亲其师"，才能"信其道"，学生才会"听其教"，因此首先教师要能让学生喜欢。很多情况表明，学生都不喜欢整天板着面孔的老师，课堂上教师对学生的期待通过微笑传递，学生就会在这种爱的感召下，受到鼓舞，进而愿意投入到学习中去。

心理学家艾勤比思列举了这样一个公式：感情的全部表达＝7%的言词＋38%的声调＋55%的面部表情，教师的和蔼可亲的微笑，温和的声调，会给课堂带来和谐、融洽、愉快的气氛。

在课堂上多给学生一些微笑，能与学生进行多方面的有效沟通与交流

优秀教师课堂氛围营造的艺术

等，老师的赞许、鼓励和期盼，教师的微笑，让学生找回自信，调动学生学习的积极性与主动性，使其彻底地融入到课堂教学的情景中，从而产生积极有效的教学效果。

经典案例2

早读课上。

"班主任来了！""班主任来了！"随着几个同学的尖叫声，热闹的教室里顿时安静下来。我快步走到教室门口。用严厉的眼神扫视了所有同学一遍，只想把那些还未进入"状态"的同学疏而不漏地抓出来批评一顿。情况好极了，全班同学因早有警报都肃然端坐，顿时，我的心里升腾起一种成就感。然而一种异样的感觉也突然涌上我的心头，隐隐约约觉得我和学生之间的距离越来越大，，那句"班主任来了"仿佛"狼来了"一样惊响于我耳际。

第二天，我批改学生周记，在小丽的周记中出现了这样一段文字："老师，我们都知道您是一位非常负责的老师，对我们要求非常严格，就是有点严肃，您知道吗？我们好喜欢看您笑啊！因为您笑起来好美，我们多想每天都看到您笑！"

面对这篇周记，我的心是无论如何也平静不下来了。是啊！谁不爱笑呢？为什么在学生面前要摆出一副严肃的面孔？我成了什么？我到底是谁？是专门挑产品毛病的检货员吗？是整天关注罪犯一举一动的警察吗？是在骄傲地观赏着自己的战利品——只心惊肉跳的老鼠的猫吗？我是48位学生的班主任啊！我要同他们共处三年，为什么要把老师与学生的关系搞得那么紧张呢？

为了改变这一不和谐的师生关系，我又详细地阅读了学生们过去的资料，我惊喜地发现，学生中不乏出众的人才。

于是，我精心地设计了一次活动。

一个周末的下午，我根据学生的资料挑选了一部分同学召开了一个班委会工作会，请他们为我们班的全学期工作计划出谋划策。会议在你一言

我一语中进行着，气氛的活跃超出我的意料。最后，我提议本学期的班级工作计划全由班委会自己去议定。而且还特别强调，要以活跃班级文化生活为前提，把学校提出的工作要求与我们班的预期目标充分有机地结合起来，制订一个全班同学都乐意参与的人人满意的班级工作计划。

两天后，班长把他们拟定的班级工作计划草案递交给了我，我粗粗地浏览了以便，感觉是个不错的计划。

同学们很聪明，充分把我的意见体现在具体的工作计划中，尤其是安排了几次以文化活动为主要内容的主题班会，更令我暗暗高兴。

在与学生们的一起唱、一起跳、一起娱乐中，我和学生的情感距离拉近了。此时，我又想起了小丽周记中的那句话："我们好喜欢您的笑啊，因为您笑起来好美，我们多想每天都看到您笑！"我终于拆除了构筑在我与学生之间的那堵墙。

案例分析

认识到自己的举动和科学的教育原则、学生身心发展规律相悖时，教师应该当机立断，毅然决然地进行反思，努力拆除完全是因为自身的教育不当而构筑的"城墙"。学生们每天在教师里守着各种各样的规范和纪律，已经很压抑了，他们放弃了很多的自主、独立和天真，如果我们还要为这个圈加一把锁，那对学生来说无疑是雪上加霜。

我们要为学生营造健康、轻松、和谐的学习氛围，让他们在这样的氛围中健康成长，这是我们每个教师的任务和职责。只有尊重学生，尊重他们的个体意识，一个班集体才会充满活力。

附录　名师营造课堂氛围
的经典细节

让美丽的故事走向课堂

有经验的老师很善于在讲课过程中穿插故事，通过一个个小故事，来激发学生的好奇心和求知欲。

经典案例

江西省新余市姚圩中学的骨干教学分子龚正清教师在学生眼里是一个很有趣的小老头。上他的课，有的时候你分不清楚这到底是中学生在上化学课还是小学生在听老师"讲故事"。

讲到元素"铍"时，他说："大家都看过《西游记》吧？还记不记得里边的那个女儿国呢？"

"记得。"

台下的学生兴趣盎然。没想到这小老头居然对"女儿国"感兴趣了？

他想说明什么问题？这个故事和化学有什么关系？

"《西游记》里唐僧一行西去取经路过女儿国，那个国家只有女的没有男的，对吗？当然了，这只是一个神话故事。不过，现实中还确实有一种化学元素，会影响人们生儿育女。"

学生们一听更加奇怪，不会吧，居然能影响人们生儿育女？这是什么元素？

于是，台下的学生争先发问：

"真的？"

"是什么？"

"老师，快告诉我们吧！"

台上的龚先生呵呵笑着，慢条斯理地说："我先给大家讲一个故事。"

曾经，在广东一个山区的村寨里，前数年连续出生的尽是女孩，人们急了，照这样下去，这个地区岂不会变成女儿国了吗？

于是村民们开始想办法，有的去求神拜佛，拜了这个观音敬那个佛爷，却不见一点效果。有的去寻医问药，却找不到能治这种怪病的药方。

有位风水先生便说："很早以前不是有地质队来开采吗？他们在后龙山寻矿，把龙脉破坏了，这是坏了风水的报应啊！"

于是，迷信的村民，千方百计地找到了原来在他们山里探过矿的地质队，闹着要他们陪"风水"。

地质队长一听，不可能的事啊？为了"洗脱罪名"，他带领队员们又回到了这个山寨，进行了深入的调查，终于找到了原因。

原来地质队在探矿的时候，钻机把地下含铍的泉水引了出来，扩散了铍的污染，使饮用水的铍含量大为提高，长时间饮用这种水，而导致生女而不生男。经过治理，情况得到了好转，在"女儿国"里又生出男孩了。

故事讲完了，学生们还在回味着这个有趣的故事。

龚先生话题一转："现在我们开始介绍铍的基本性质，然后大家再结合故事分析一下铍的性质。"

于是，在引人入胜的故事中，台下的学生又开始了对铍的"声讨"

无论是学生从小就接触的语文、数学，还是上中学开始了解的物理、

优秀教师课堂氛围营造的艺术

化学，以至他们进入大学所选修的各种专业课，所有的课本知识都或多或少蕴含着一个个小故事，而这些故事的演绎，很大程度上要看讲台上的你能不能将它有机地穿插进课堂当中，给学生们以智慧和启迪。

但是，有一点请注意：我们只是穿插故事，并不是要在课堂上纯粹讲故事，否则的话，一堂课下来，学生只是听了一个故事，却没搞明白你想讲什么知识，可就得不偿失了！

课堂教学，在某种程度上说，就是在演绎一系列的"故事"，或者说正是通过一系列的故事，学生与课本的距离才一步步地拉进，你的课堂教学才能够有声有色地展开。

亲爱的老师，如果你已经选择了献身教学，那么就静下心来一点点的积累，一点点的体会，一次次的尝试，淡泊名利做实事，功夫不负有心人，你将体会到真正的快乐。

让学生做学习的自由人

生命本能的东西是美好的，连上帝都无法决定生命的走向，而我们，除了扶持和引导，也许，我们不再能做别的。

难道在课堂上，学生们要做的就是跟着老师走，一切围着课本转，为什么不可以让学生们自己去想、自己去做呢？

著名教育家叶声陶先生也曾说过："教学，教学，就是'教'学生'学'，主要不是把现成的知识教给学生，而是把学习的方法教给学生，学生就可以受用一辈子。"

经典案例

这是日本名古屋小学的可子小姐，一位从教30余年的典型的日本教师的一堂普通的美术课。

可子老师对台下的学生说道："哪位同学愿意上来表演一下踢足球的动作呢？"

一个男生举手："老师，我来！"

男生走上讲台，面朝台下，踢出右脚："这是射门！"

学生们都被他逼真的表演逗乐了，有个调皮的学生还喊道："歪了！打在门柱上了！"

台下又是一阵笑声。

可子老师示意学生们安静，说："嗯，既然赢得了大家的笑声，说明表演的不错。问题是，大家都认为这个动作很好，那么，有没有想过用什么东西把这个动作留下来，让我们随时都可以重温呢？"

"用录像录下来。"

"画下来。"

……

可子摆了摆手："很好。我们不妨再来欣赏几段舞蹈。"

台上的多媒体依次播放了舞蹈《春》和《樱花》，还有中国的孔雀舞、蒙古族舞、西方的天鹅舞、西班牙斗牛舞等画面。

台下的学生们一边看着精彩的画面，一边纷纷模仿着自己最喜欢的动作。

"这么美的舞蹈，我们又有什么办法把他们留下来呢？"可子老师问。

"画下来！"

"当然可以，当能不能画出神似的感觉就看你的水平了！"

又有学生说："我想用彩泥捏！"

"这主义也不错，我想你以后可以改行去专攻雕塑！"

学生们笑了。

"我想用剪刀剪，做舞蹈服装！"一个女生说。

可子老师看着她微笑："这就是我们的服装涉及大师啊！"

又一个男生说："我可以用数码相机拍下来，既快又好！"

"可以可以，将来我们的毕业照也交给你拍！"

接下来，可子老师通过多媒体向学生们展示了中国画家黄胄的《新疆舞女》画、法国德加的《天鹅湖》画和中国古代雕塑《玉舞人》等美术作品，并指导学生欣赏。

"好，大家都看到了吧。现在，请大家闭上眼睛回忆自己刚才欣赏过的踢球动作，还有最喜欢的舞蹈动作、最喜欢的服装……并想一想该用什么方法才能最艺术、最传神地留住自己刚才的感受，当然，我必须请你们用实际行动把它做出来，这也是你们这节课的作业。记住，你们自己来决定自己该做什么……好，现在开始做作业。"

接下来20分钟，学生各自用事先准备好的工具和材料，来"做"自己想做的产品，看起来都十分愉快。

顿时，群情跃然。很快，雕塑、剪纸、图画等一件件作品就在学生们的手中形成了……

其中一个名叫琪子的女生，竟然将樱花、孔雀、天鹅、春天的景致和几个踢球的小孩重合在一张纸上，并为她的作品起名为"春天"，她对可子说："老师，我觉得春天应当就是这个样子，所有美的事物，都应发生在春天！"

半年之后，也即是2005年的夏季，可子在带领学生们为东南亚海啸重灾区义卖的活动中，琪子的《春天》竟然引发了众多买家的争抢，因为他们都认为，只有这种东西才是真正的艺术品！因此，最后的成交价竟然高达40万日元。

可子老师的目的在于：引导学生画自己想画的，而不是按老师指定的画。用学生们自己喜欢的艺术形式，各自区表达对美的独特感受。

可子的整节课的教学过程都是在学生自主发现、感受、学习、表达中进行的，老师只在其中穿针引线而已，这也正是可以成功的最大原因。

常变常新的的课堂环境

我们可以把教室布置得像一个花园，课桌椅可以变成花园里游人随意休息的长椅；我们还可以把教室布置得像一个酒店的大厅，抑或像一个私人的书房……总之，只要孩子们在其中能够更好地学习，就绝对没有什么坏处！

经典案例

浙江省特级教师、宁波宁海实验学校刘永宽老师给学生上课时，总爱出一些令人意想不到的点子。听他讲课，总会让人有一种重换天地的感觉。

在教授自由落体运动一课时，因所教内容枯燥，一些学生开始昏昏欲睡。

刘永宽立即停止讲课，提议道："同学们，这节课我们把课桌椅重新摆放一下，大家围成一圈听课，如何？"

台下的学生不知他葫芦里要卖什么药，还以为是要做什么游戏呢，于是立刻动手摆弄桌椅，两分钟后，一个"圆桌会议室"就出现在学生面前。

刘永宽站在圆圈中，就像电视上的主持人一样，一本正经地扫视着四周的学生，而学生们也笑嘻嘻地盯着圈内的老师。

"好，现在我们开始上课，大家看，如果我把这个纸袋和这个小钢球同时往下仍，你们会看到什么现象？"

"钢球先落地呗！"、"钢球落得快！"周围的学生七嘴八舌，甚至一些平时很少举手的学生也满面生辉地看着刘永宽。

刘永宽对这种气氛十分满意："对，这就是我们的生活经验，这也是公元前希腊的哲学家亚里士多德的观点。但是，我现在要变一个魔术，结果与你们想像中的是不一样的。我之所以让你们围成一圈，就是便于你们更仔细地盯着我，如能看破并指出我魔术中的花招和漏洞者，必将重奖。"

刘永宽将手举高，纸球和钢球同时从手中跌落，且几乎同时落地。

学生们七嘴八舌起来："呀，真奇怪。""可我明明没有看到老师施什么法子嘛。"

刘永宽笑道："想知道原因？那就请听我详细分解！"

学生们顿时竖起了耳朵。

……

为了调动起学生们对课堂的兴趣，刘永宽经常性地改变课桌的排列顺序，如排成圆形，或让学生背朝黑板，或两人一组，或一人一桌等。在口语交际课的时候，刘永宽曾经尝试把课桌摆成相对的两大组，形成辩论的激烈场面，便于学生间的相互交流和小组内的凝聚力。

刘永宽信奉"课桌的摆放并不是单一的，教师可以随时更换，随时给学生新鲜的感觉。只要学生喜欢，我的教学就算成功了一半。"

是的，刘永宽的特级教师之路，确实再次应征了他成功的教学思想和理念。

附录 名师营造课堂氛围的经典细节

精巧的布置作业

时代的发展迫切需要教师以一种创新的方式来布置作业，即寻求一种积极的、主动的，让学生倍感兴趣的作业方法

现代教学论专家斯卡特金指出："未经过人的积极情感强化和加温的知识讲使人变得冷漠。由于它不能拨动人的心弦，很快就会被遗忘。"

俗话说"拳不离手，曲不离口"，阅读、书写、计算、作文、绘图、操作等技能技巧，在一定程度上有赖于日复一日、年复一年的做作业的磨练。

要达到巩固知识的目的，靠简单的增加作业的量是不科学的。应当尽量留那些概括性强，覆盖面广的作业，减少重复性内容。

完全照搬大洋彼岸同行的做法也不是可取的，但他山之石，可以攻玉。我们可以试着布置一种积极的，主动的，让学生倍感兴趣的作业。

经典案例

美国弗吉尼亚奥尔巴尼市小学的自然科学课老师玛丽斯太太给学生布置了当天的作业："今天我们学习了月球，请你回家以《月亮传说》写一篇科幻作文。"

学生们立马兴奋起来。

而同一天，担任奥尔巴尼市小学数学课的老师约翰先生则对学生们说

道："今天，我们的任务将会十分有趣。假设20年后，你们已经大学毕业并且有了一份工作，大家想想，那时候，你们的月薪会是多少呢？所以，我们今天的题目就是：《二十年后的我》。大家要通过资料计算自己的月薪，并且要算出应该交纳税金和有关信用卡的算法，还要计算买房、买车的花销以及因为各种意外事件所导致的花费。"

话音刚落，教室里便群情踊跃。

美国中小学教育，主张课堂解决问题，很少布置课外家庭作业，即使有，也是十分综合性的、有趣的作业。

而大学教育则截然不同。请看美国康涅狄格州立大学的约翰逊·W·陈老师给学生布置的史学科作业：

1. 关于"公民权利"要求：在3到5页纸之间，打印出来，要双空行，至少用三种资料来源（如网上，书籍等），至少有5句引文。

对比以下四人关于黑色美国的观点：布克·华盛顿、杜伯依斯、马丁·路德·金、马尔科姆。

在你的论文里，应该控制关于他们生命的故事，我不想读传记。但是需要把每个人介绍一点，在你的文中还必须加入贴切的材料。然后，讨论他们关于黑色美国的观点，要把你的想法写进去。还要把你的引文或材料的来源列出来，比如某某网页、某某书。

2. 关于南北战争。

（1）是否同意林肯总统关于美国不能存活除非它全部解放或全部废奴的声明？解释。

（2）解释为什么北方白人反对奴隶制，南非白人拥护奴隶制，但他们都感觉他们为自由而战？

（3）自由对于黑人意味着什么？

（4）林肯总统和格兰特将军表示在内战后，南方不应被粗暴地对待。为什么这是一个聪明的政策？解释。

（5）在内战期间，女人开始担任很多以前男人做的工作。你能对由于内战造成的社会、经济和政治冲突的问题做出怎样的概括？

（6）构造一个争论，运用历史证据来支持或反对下面的观点：美国内

战是地区差别不可避免的结果。

而美国哈佛的政治学教授玛利亚·波瑟尔女士给她的学生们布置的社会学科作业则是：

在美国二三十年代的大萧条时期，如果你是那个时代的一位家庭主妇，丈夫是服装店里的模特，年薪200美元，家有3个孩子，你是如何计划开销渡过难关的？

此外，老师还经常出一些课题让学生做，以此作为课堂教学的补充。比如消费者教育课，教师让每个学生拟投资5000美元炒股票，并写出报告。可想而知，美国学生要完成这样的作业，不到图书馆查阅或上网搜索资料是很难完成的。

美国教育的强项大概就在于此。美国的老师没有天天给学生们加油，但他们给了学生们飞翔的天空。

如果美国老师只给学生留那种大量的抄、写、算之类的作业，美国学生也和我们的学生一样每天只是在重复一项烦琐却收效不大的劳动，今天的美国学生还能表现出如此高的创新能力吗？

显然，答案是否定的。

有感而发，让学生自我归纳总结

一个不善于归纳总结的学生，他对课堂知识的印象就容易停留在感性认识层面上，而缺乏一种深层次的理性认识。

经典案例

芬兰万达市 Vaskivuori 高级中学在芬兰具有很高的知名度。Vaskivuori 的教学讲究严谨，提倡踏实、科学的教风。

Vaskivuori 的校长艾拉女士的化学课尤其精彩。我们来参考她在《燃烧和缓慢氧化》一课中的教学片断。

讲桌上放着做实验用的仪器（烧杯、球胆、玻璃管、薄铜片、试管）和药品（白磷、红磷、热水、氧气）。

艾拉的开场白是："传说中，天上的火，来到人间，火在大地上燃烧，让愚昧化作文明，火在宇宙中燃烧，使黑暗趋向光明。可见，正是因为火，才推动了人类历史的前进！同学们，我们的问题是：在远古时代人们如何保留火种？现在，让我们对火，即燃烧作一个初步的科学解释。"

有位学生立即笑了："老师，今天要上氧化反应课吗？"

艾拉点点头："是的，看来，你已经预习得很好了。不错，小伙子，继续努力。"然后，她转身在黑板上板书："燃烧：可燃物跟空气中的氧气发生的一种发光、发热的剧烈的氧化反应。"

艾拉说道："现在请大家看一个演示实验。"

艾拉将少量白磷和红磷分别放在铜片上，先后点燃。不久，铜片上的白磷就开始燃烧，而铜片上的红磷并没有燃烧。

艾拉问道："看看，它着火了。现在，如果我把白磷放在热水中，它会不会燃烧呢？"

学生们大笑起来："老师，你搞错了，水本来就是用来灭火的，再说了，没有了氧气，白磷怎么会燃烧呢？"

艾拉却道："也许，今天有个奇迹要出现！"便继续演示。

但确实，学生们看到放入水中的白磷燃烧不起来了。便再一次笑了起来。

艾拉道："如果向热水中通入氧气，白磷会不会燃烧呢？"

学生们都有些迟疑："可能吗？"

艾拉微微一笑："好,看看我怎么让热水下的白磷燃烧。"艾拉用球胆向烧杯中的热水中缓缓通入 O_2,可看到热水中的白磷与 O_2 也开始燃烧,产生火光。

学生们惊奇地叫起来:"哦,天呀,真的燃烧起来了!"

艾拉如同胜利者一般笑道:"大家现在再想想,红磷会不会燃烧呢?"

学生们开始争论起来:"会!""不会!"

艾拉摆摆手:"眼见为实,我们先试验一下。"

艾拉将少量红磷放在铁纱网上,直接在酒精灯火焰上加热。学生们看到原来放在铜片上的红磷,这次燃烧起来了。

艾拉放下实验器材,道:"好,现在请大家思考三个问题:1. 为什么铜片上的白磷能燃烧,红磷不能燃烧? 2. 同样是白磷,水中白磷的温度比铜片上白磷的温度还要高,为什么水中的白磷却没有燃烧? 水中的白磷需要什么条件才能燃烧? 3. 要想让红磷燃烧,需要具备什么条件?"

一学生举手:"艾拉老师,我觉得第一个实验中,红磷可能是温度不够高所以不能燃烧。"

艾拉点头:"说得对,那么热水中的白磷一开始为什么不能燃烧呢?"

"我想是因为把它放入水中了,和空气中的氧气接触得太少了吧?"

艾拉赞许地道:"好,现在大家打开书,看一下课本上是怎么解释这些实验现象的,然后归纳总结一下燃烧的条件。"

学生们打开书,阅读课本。几分钟后,纷纷举手,艾拉点名,学生回答,并根据学生回答在黑板上板书:

燃烧的条件

1. 可燃物要与氧气充分接触;

2. 要使可燃物达到或超过燃烧所需的最低温度。(这个最低温度叫做着火点)

然后,艾拉大功告成般地说道:"通过刚才的几个小实验,大家也初步归纳总结出了燃烧所需要的条件,下面我们来看"

所谓思维图,就是在脑海中形成一个知识网络。在课堂教学中,教师要引导学生勤于思考知识、学科之间的联系,思考所学知识与所面临问题之间的联系。

这样一来，学生们就可以通过对头脑中已有的知识进行一个归纳和概括，也可以借助各种网络图或结构图来帮助思考和记忆。

要让学生意识到归纳总结不是我们的最终目的，我们的最终目的是让学生得心应手地使用它们。因为只有不失时机地、自觉地运用所学的知识，才能不断提高对知识的实际掌握及运用能力。

让学生来评判试卷

把试卷的评判权交给学生，这个大胆的尝试把一个人的表演变成了多人表演，让讲坛这个三尺舞台一下子精彩了许多。

当你总是觉得，某某课特别难教好时，是因为你的思维还完全固守在原地，你的眼睛总是向前看，殊不知，转过身，拐个弯，你的路子就能化艰险为坦途，变得畅通无阻了。

有时候，本由你一个人担当的一些艰涩的教学工作，如果你能找些人来帮你一起做，你会发现，事情已经变的轻快了很多，而对方也能从你的收获当中分取一分丰收的喜悦。

经典案例

福建省晋江市南峰中学陈茜是当地颇有才智的教师。她总是能把一些看起来很不好做的工作，处理的轻松、干脆、漂亮。特别是当其他老师都

附录 名师营造课堂氛围的经典细节

愁眉不展的评讲试卷方面，她更是有着独特的处理技巧。

曾经，陈茜带着前两天考完的试卷走上讲台，学生们的眼睛霎时全投向那摞试卷，有的表情紧张，有的把头埋的很低，有的把脖子伸出去想看到第一份试卷的分数，有的脸上洋溢着自信，紧盯着试卷……

看着学生们那副想知道分数的可爱劲，陈茜微笑着拿起一份试卷："这是你们前天考的卷子，我粗略地翻了一下，不算太理想！"

刹时，学生们的耳朵都竖起来了。

陈茜看一眼尖子生王劲松，他正在得意地看着老师："王劲松，试卷未判。"

"啊！"王劲松眨巴眨巴眼睛以为自己听错了。

"刘派，试卷未判，马可，试卷未判"。

"啊?！"学生们眼里写满了疑惑。

老师微笑着："这次的试卷都没判，怎么，还紧张吗？"

学生们立即都长出一口气，却又不明白陈茜老师为何如此。

"同学们，知道这次试卷为什么没判吗？"

学生们再次睁大了眼睛。

"这次我要把判卷的权利交给你们，让你们自己也当一回判卷老师。以前考试有同学说我偏心，判卷不公平，这次试卷判的公平不公平，可就在你们了，你们判完后，我可是要审核的。"

学生们兴奋了，多年来一直是老师当裁判，这回也轮到他们当一回裁判了。

试卷随机分发到学生各自的手中，当然，学生手中持有的都是别的同学的试卷。

之后，陈茜老师在黑板上写出选择题第一题的正确答案，让学生根据答案判卷。

学生们都认真判着自己拿到的试卷，他们在庄严而神圣的行使一个判卷人的权利。

"你们手中的试卷是对了的，请举手。"

很多学生都举起了手。

"好，看来这道题的知识点同学们掌握的不错。对的给他加 1 分，错的扣 1 分。马可，你来解释一下，这道题为什么选 A，而不选其他项。"

"我想，应该采用排除法来看这道题。从题中的条件'实数'看，排除 B 和 D，因为 B 和 D 不是实数；再根据'正整数'这个条件，排除 C，因为 C 是负整数，所以正确答案应该选 A。"

"马可同学讲的非常好，排除法是我们做选择题的一个重要方法。"

"还是马可聪明，我当时咋就没想到哩！"有几个同学抓头挠耳。

陈茜老师继续道："下面这道题可就存在难度了，它的正确答案是 X =8，你们手中的试卷是对了的，请举手。"

举手者寥寥无几。

"王劲松，你做对了吧？给同学们讲讲你对这道题的认识吧。"

王劲松很快就报出了正确的解题方法。其他同学则伸长了舌头："真复杂，这么难！"

陈茜老师叹了一口气："对的加 1 分，错的扣 1 分。"

立马有个胆大的学生举手说道："老师，我认为这道题太难了，不应当只值一分。"

话音刚落，其他学生也纷纷起哄："对呀对呀，前面那道题那么简单，还一分哩。""至少算 10 分才是。""算 4 分吧。"

陈茜老师敲敲桌子："5 分如何？不过，后面 4 道相对较简单的题，分数就必须各减掉 1 分。你们同意吗？"

学生们露出了笑脸："同意。"

"好，我们再往下判题！"

学生们兴趣大增，虽然明知自己考的并不理想，却个个精神抖擞。

寻找教材中的真空地带

身为教师，你必须还原事物的本来面貌，引导学生探寻所有的已知和未知，探寻所有的美和丑，探寻所有的真空地带，而后剩下的，便是你静悄悄地等待奇迹的诞生。

这世界上没有任何东西是神圣不可侵犯的，除了求真、求实的精神！

经典案例

美国波士顿州立小学。

上课了，孩子们欢快地跑进教室，因为这节课是他们最喜爱的老师爱利普·杰克逊女士的语言课。

爱利普老师一脸灿烂："我亲爱的孩子们，今天我要告诉大家的是灰姑娘的故事。我相信，很多人早就知道这个美丽的童话了，有谁愿意上来替我把它讲出来呢？"

一个金发碧眼的小男孩跑上讲台："从前，在一个镇上有一个漂亮的小女孩，名叫辛黛瑞拉……辛黛瑞拉在舞会上玩得开心极了，突然她发现时间快到12点了，她想起老太太的吩咐：午夜12点之前一定要赶回来，因为到那时所有的东西都要变回原状。于是，她急匆匆离开舞会，匆忙之中在台阶上绊了一脚，一只水晶鞋掉了，她也顾不上去捡。第二天，王子拿着这只水晶鞋，挨家挨户请姑娘们试穿，并宣布谁能穿上这只水晶鞋谁就是未来的王后……"

故事讲完了。爱利普老师眨了眨眼睛，笑道："谢谢你，吉姆，你讲得真棒！孩子们，看来你们对这个故事非常熟悉，那么，我也就不多费嘴舌了。下面，请你们来回答几个问题。你们喜欢谁？为什么？"

孩子们立即跳着高儿地抢着给了爱利普老师一个正确的答案。

之后，爱利普老师话题一转："那么，孩子们，你们有没有发现这个故事有不合理的地方，它在哪儿？"

学生们惊奇地看着老师。

爱利普微笑着："孩子们，这个故事真的完美无缺吗？"

过了好一会儿，一个名叫艾丽丝的学生才迟迟疑疑地站了起来："午夜12点以后所有的东西都要变回原样，可是，辛黛瑞拉的水晶鞋没有变回去。"

爱利普老师十分惊喜："噢，天哪，艾丽丝，你太棒了！孩子们，你们看看，就是伟大的作家也有出错的时候！所以，出错不是什么可怕的事情。我担保，如果你们当中谁将来要当作家，一定比安徒生更棒！你们相信吗？"

于是，孩子们欢呼雀跃。